지금 여기 깨어 있기

법륜法輪

법륜 스님은 평화와 화해의 메시지를 전하는 평화운동가이자 제3세계를 지원하는 활동가이며 인류의 문명전환을 실현해 가는 사상가, 깨어있는 수행자이다. 1988년, 괴로움이 없고 자유로운 사람, 이웃과 세상에 보탬이 되는 보살의 삶을 서원으로 한 수행공동체(정토회)를 설립해 수행자들과 함께 생활하고 있다.

법륜 스님의 법문은 쉽고 명쾌하다. 언제나 현대인의 눈높이에 맞추어 깨달음과 수행을 이야기한다. 법륜 스님의 말과 글은 빙 돌려 말하지 않고 군더더기 없이 근본을 직시한다. 밖으로 향해 있는 우리의 시선을 안으로 돌이킨다. 어렵고 난해한 경전 역시 법륜 스님을 만나면 스님의 지혜와 직관, 통찰의 힘으로 살아 숨쉬는 가르침이 된다.

지은 책으로는 직장인을 위한 〈행복한 출근길〉, 즐거운 가정을 위한 〈날마다 웃는집〉, 부처님의 교화사례 〈붓다, 나를 흔들다〉, 〈붓다에게 물들다〉, 불교입문서 〈실천적 불교사상〉, 대승불교의 대표 경전인 〈금강경 강의〉, 부처님의 일생을 다룬 〈인간붓다〉, 즉문즉설 시리즈 〈답답하면 물어라〉, 〈스님 마음이 불편해요〉, 〈행복하기 행복전하기〉, 수행지침서 〈기도_내려놓기〉, 〈깨달음_내 눈 뜨기〉, 젊은이들에게 꾸준히 사랑받고 있는 〈스님의 주례사〉, 자녀 교육의 마음 지침서 〈엄마수업〉, 현대인의 삶의 지침서 〈인생수업〉, 청춘들을 위로하는 〈방황해도 괜찮아〉, 한반도의 평화와 통일의 비전을 제시하는 〈새로운 100년〉 등이 있다.

2000년 만해상 포교상(좋은벗들), 2002년 라몬 막사이사이상, 2007년 민족화해상, 2011년 포스코 청암봉사상, 통일문화대상 등을 수상했다.

지금 여기 깨어있기 법륜 스님의 깨달음 이야기

초판 1쇄 | 2014년 12월 19일
초판 14쇄 | 2022년 3월 30일

지은이 | 법륜

펴낸이 | 김정숙
편집 | 김승주 김현교 서예경 손명희 임혜진
삽화 | 이영경

펴낸곳 | 정토출판
등록 | 1996년 5월 17일 (제22-1008호)
주소 | 137-875 서울시 서초구 효령로 51길 7(서초동)
전화 | 02-587-8991
전송 | 02-6442-8993
이메일 | jungtobook@gmail.com
홈페이지 | book.jungto.org

디자인 | 끄레 어소시에이츠

ISBN 978-89-85961-85-1 03220

이 도서의 국립중앙도서관 출판예정도서목록(CIP)은
서지정보유통지원시스템 홈페이지(http://seoji.nl.go.kr)와
국가자료공동목록시스템(http://www.nl.go.kr/kolisnet)에서
이용하실 수 있습니다.(CIP제어번호: CIP2014035825)

지금 여기 깨어 있기

법륜 스님의 깨달음 이야기

정토출판

선사들의 깨달음을 넘어 나의 깨달음으로

우리가 살다보면 마치 실타래가 엉키듯이 인생살이가 아주 복잡하게 꼬일 때가 있습니다. 이렇게 하면 저게 문제가 되고 저렇게 하면 이게 문제가 됩니다. 그런데 이런 복잡한 인생문제를 아주 간단하게 해결하고, 편안히 살 수 있는 길을 제시한 분이 바로 부처님입니다.

부처님은 이 좋은 법을 누구에게서 배우거나 얻은 게 아니라 스스로 깨치셨습니다. 부처님도 처음에는 온갖 번뇌를 끊으려고 세상 속의 많은 스승의 가르침을 따라 정진했지만 결국 해답을 찾지 못해 스스로 새로운 길을 찾아 나섰습니다. 그리고 6년의 고행苦行 끝에 고행의 무익함을 아시고 중도中道를 발견하신 후 나이란자나Nairanjana 강가의 보리수 아래에서 용맹정진 끝에 마침내 깨달음을 얻고 모든 괴로움과 속박에서 벗어나 행복하고 자유로운 사람이 되셨습니다.

부처님도 처음에 길을 모를 때는 너무나 많은 세월을 헤맸지만 막상 깨닫고 보니 깨달음의 길이 그렇게 어렵고 힘든 과정이 아니었습니다. 부처님은 삶의 괴로움을 스스로 겪어 보았기에 아직 헤매고 있는 수많은 사람들의 괴로움을 다 아시고 연민하셔서 괴로워하는 사람들에게 그 괴로움에서 벗어날 수 있는 양약으로 '깨달음의 길'을 제시하셨습니다.

그러나 불법이 오랜 기간 여러 곳으로 전해지면서 원래의 가르침에서 조금씩 벗어나는 경우가 발생하였습니다. 부처님의 바른 가르침은 깨달음을 통해 모든 속박에서 벗어나 해탈·열반을 증득하는 길이었지만, 오랜 시간에 걸쳐 지역을 달리하며 전해지다 보니 세속의 이익을 구하는 구복신앙이 불교 속으로 들어오게 되었습니다. 그래서 불교를 믿어도 해탈·열반을 증득할 수 없어 인생문제가 해결되지 않고 결국에는 불교를 믿으나 다른 종교를 믿으나 별반 차이가 없게 되었습니다.

그래서 이런 오류를 시정하고자 새로운 불교운동이 일어났습니다. 새롭다고는 하지만 그 내용은 본래의 불교, 붓다의 근본 가르침으로 돌아가자는 운동이었습니다. 그런데 이 새로운 불교운동도 오랜 세월이 흐르는 동안 불교의 본질에서 벗어나게 되면서 다시 또 정법으로 돌아가자는 새로운 불교운동이 일어났습니다. 그런 일이 여러 차례 반복되어 2,600여 년의 불교 역사가 지금까지 이어져 왔습니다.

오늘날의 한국 불교에는 다양한 종파宗派가 있습니다. 그 가운데 주류를 이루는 대한불교조계종大韓佛敎曹溪宗은 선종禪宗을 계승하였습니다. 선종은 중국에서 시작되었습니다. 그 이전의 중국 대승 불교는 깨달아서 해탈하는 가르침이 아니라 믿고 배우고 익혀서 이해하는, 지극히 복잡하고 어려운 학문적 방식을 취하고 있었습니다. 그래서 본래 부처님의 가르침대로 명쾌하고 간단하게 인생사를 해결하는 바른 불교로 돌아가자는 운동이 일어났습니다. 그래서 선종이 내세우는 구호는 '직지인심直指人心 견성성불見性成佛'입니다. 자기 마음의 성품을 알면 곧 부처를 이룬다는 단도직입적單刀直入的 입장입니다. 인생사는 복잡한 이론이나 많은 지식으로 풀리지 않는다, 즉 문자를 세워서 진리를 증득할 수 없다는 것이지요. 그래서 불립문자不立文字를 주창하게 되었습니다.

그러면 그런 선종의 전통을 계승한 오늘의 한국 불교는 그 원래의 취지에 합당할까요? 만약 합당하다면 불법을 공부한 불자는 누구나 부처님 가르침에 따라 인생의 무거운 짐을 내려놓아서 삶이 자유롭고 행복해지는 경험을 할 수 있어야 합니다. 지금 그렇게 경험하고 있다면 선종의 종지宗旨에 맞는 것이지만, 그렇게 경험하고 있지 못하다면 다만 이름만 불교이고 선종이지 부처님의 바른 가르침과는 거리가 멀다고 할 수밖에 없습니다.

깨달음이라는 것은 우리들의 삶 가까이에 있습니다. 옛 선사님들의 선문답도 생활 속에서 만나는 깨달음의 순간에 대한 것들이었습니다.

이 책은 본래 부처님의 가르침대로 명쾌하고 간단하게 인생사를 해결하는 방법을 2,600여 년의 불교 역사 속에 살아 있는 스승님들의 경험에서부터 현재 우리들의 일상에 이르기까지 살펴보고 있습니다.

특히 옛 선사님의 깨달음의 순간을 정말 우리들의 일상에서도 찾아볼 수 있는 것인지, 찾고자 한다면 어떻게 해야 하는지 그 근본을 짚어보고자 합니다. 정법으로 돌아가고자 자각했던 불교의 오랜 역사처럼 우리는 부처님의 가르침이 내 삶 속에서 살아 숨 쉬고 있는지 경험을 통해서 확인해 보아야 하겠습니다.

2014. 12.

법륜

차례

나는 지금 어디에 있는가

선사들의 이야기를
여러분의 생활 속에서 고뇌하고 있는 문제와 비교해 살펴보세요.
자신의 생활 속에서 바로 살펴야지
남이 먹다가 버린 쓰레기통을 뒤지듯
내가 체화하지 않은 채로
남의 깨달음을 뒤지면 아무 소용 없습니다.
자기 인생의 문제를 단도직입으로 살펴서 해결해야 합니다.
그러면 인생살이가 결코 복잡하지 않습니다.
죽을 때까지 애써도 해결 못 하는 깨달음이 아니라.
단박에 깨달으면 나머지 인생은 자유롭게 살 수 있습니다.
죽을 때까지 수행해서 죽기 전에야 깨닫는 것이 목표가 되면 안 됩니다.
먼저 이치를 깨닫고
나머지 인생도 행복하게 살아야 합니다.

누가 그러던데요

어떤 분이 제게 와서 물었습니다.

"스님, 극락이 있습니까?"

"예, 있습니다."

"아, 그래요? 감사합니다."

그런데 이 분은 또 다른 스님한테 가서 물어봅니다.

"스님, 극락이 있습니까?"

"없습니다."

그러면 헷갈리는 거예요. 어떤 책에 써 있는지, 몇 쪽에 적혀 있는지만 찾아 헤맵니다. 이런 것은 내가 아는 것이 아닙니다. 남이 먹다 버린 쓰레기통을 뒤지는 것과 같습니다.

어떤 분이 시계를 차고 있다고 합시다.

"그 시계 누구 거요?"

"제 것입니다."

"그게 왜 당신 거예요?"

"제가 돈 주고 샀으니까요."

"돈 주고 샀는데 왜 당신 겁니까?"

"돈 주고 샀으니까 제 거죠."

"돈 주고 사면 모두 당신 것입니까?"

그냥 돈 주고 샀으니까 내 거라고 우기는 거예요. 한 번 더 물으면 내 것이 아니면 도대체 누구 것이겠냐고 항변합니다. 어떤 질문이든 진지하게 묻는 말에 반발하거나 고집부리지 않고 하는 대답은 서너 번을 넘기지 못합니다. 우리 인생은 이렇게 막연합니다. 게다가 조그마한 일에도 그리들 헤맵니다. 잘난 척하다가도 가족 중 누가 죽거나 직장을 잃거나 재산이 없어지면 어쩔 줄 모릅니다.

예를 들면 법문 듣고 있는 중에 집에서 전화가 왔어요. 법문 듣는다고 소리를 꺼놔도 전화가 자꾸 오니까 살짝 나가서 받아보니 어머니가 돌아가시게 생겼다고 하는 겁니다. 그러면 바로 얼굴이 노래져서 법문 듣다 말고 병원으로 달려갑니다. 가는 동안 정신이 없어요. 차를 몰고 허둥지둥 병원에 도착했더니 동생이 태연한 얼굴로 안 와도 되는데 왜 왔느냐고 그래요. 어떻게 됐냐니까 어머니가 깨어났대요. 이러면 안도의 한숨을 내쉽니다. 말 한마디에 희로애락이 왔다갔다하며 정신이 없는 거예요. 또 멀쩡하게 있다가 종합검진 받고 난 후에 의사가 검사 한 번 더 해 보자 하면 무슨 큰일이라도 났나 싶어서 벌써부터 가슴이 두 근 반 세 근 반 뜁니다. 그래서 추가검사를 했는데 다시 조직검사를 해 봐야겠다고 하면 바로 얼굴이 노래지기 시작합니다.

이렇게 우리는 모래 위에 성을 쌓은 것처럼 불안정한 삶을 살고 있습니다. 왜 그럴까요? 자기 인생에 대해 어떤 확신도 없이 그저 가을바람에 휘날리는 낙엽처럼 살기 때문입니다.

태어날 때 내가 어디에 태어날 것이라고 마음먹고 선택해서 이 세상에 온 사람은 없습니다. 내가 한국말 배우고 싶다고 스스로 선택해서 배운 것도 아니고 김치 먹겠다고 결심해서 김치 먹은 것도 아닙니다. 흔히 김치 좋아한다, 고추장 좋아한다, 된장 좋아한다고들 말하지만 그것은 스스로 선택한 것이 아닙니다. 길들여진 습관일 뿐입니다.

주위에서 다 유치원 다니고 초등학교 다니니까 당연하다는 듯 자기도 따라가고 중학교·고등학교·대학교도 그렇게 따라가고 결혼까지도 남들 가는 대로 따라 해서 삽니다. 나이 드는데 시집 안 가면 무슨 큰 낙오자가 되는 것 같고 또 시집가면 애는 꼭 낳아야 할 것 같고 낳으면 키워야 하지요. 또 언제 죽을지도 모릅니다. 또 죽으면 어디로 가는지도 몰라요. 그런데도 죽으면 천당 간다, 극락 간다, 어쩐다 말들이 많습니다. 직접 가 봤느냐고 물어보면 누가 그렇게 말하더라고 합니다. 이렇게 인생을 내가 사는 것이 아니라 세상에 의해 살아지고 있기 때문에 인생이 꿈처럼 허망하고 뒤죽박죽인 것입니다.

어디서 와서 어디로 가는가

고등학교 1학년 때 제 소원은 다른 학생들처럼 공부를 잘하는 것이었어요. 그때는 불법이 뭔지 잘 모를 때니까 공부는 안 해도 성적은 잘 나오길 바라는 마음에서 시험 칠 때쯤 되면 법당에 가서 기도했어요.

하루는 기도하고 법당을 나오는데 주지 스님이 "학생, 이리 와 봐." 하고 불렀습니다. 속으로 겁이 덜컥 났지요. 그 스님은 한번 이야기를 시작하셨다 하면 몇 시간씩 말씀하시거든요. 이야기 끝났나 싶어서 일어나면 일어선 채로 다시 한 시간…… 그러셨어요. 내일 당장 시험 치는데 공부를 제대로 안 해서 오늘 밤샘이라도 해야 할 지경인데 딱 걸렸으니 큰일났어요. 그래서 스님이 뭐라고 말씀 꺼내시기 전에 빨리 가야겠다 싶어서 선수를 쳤지요. "스님, 오늘은 제가 바쁩니다." 이랬어요. 바쁘다고 하면 빨리 보내주실 거라고 생각했지요. 그랬더니 "어, 그래?" 하고

이야기를 받아주셨습니다. '아이고, 살았다.' 싶은 것도 잠시, 난데없이
이상한 질문을 하시는 거예요.

"너 어디서 왔어?"

"도서관에 있다 왔습니다."

"도서관에 있기 전에는?"

"예, 학교에서요."

"학교 오기 전에는?"

"집에서요."

"그전에는?"

그렇게 영문 모를 질문을 계속 하셔서 결국 태어난 것까지 갔어요.

"태어났어요."

"어디서 태어났어?"

"어머니 뱃속에서 나왔어요."

"어머니 뱃속에서 나오기 전에는?"

"모르겠습니다."

몰라서 모른다고 대답했지요.

"그래?"

잠시 말씀이 없으시더니 다시 또 물으셨지요.

"어디로 갈 거니?"

"예, 학교 도서관에 가야 합니다."

"그다음에는?"

"예, 내일 시험 쳐야 합니다."

"시험 치고는?"

"집에 가야죠."

"집에 간 뒤에는?"

"절에 와야죠."

이렇게 죽 이어지다가 결국은 어디로 가겠어요?

"죽죠, 뭐."

"죽은 뒤에는?"

"몰라요."

이번에도 모르니까 모른다고 했어요. 그랬더니 벽력같이 고함을 지르시는 겁니다.

"야, 이놈아! 어디서 와서 어디로 가는지도 모르는 놈이 바쁘긴 왜 바빠?"

지금까지는 질문이 다 쓸데없다고 생각해서 건성으로 대답하고 있었는데 이 마지막 말씀만큼은 가슴에 탁 와 닿았어요.

자기가 어디서 와서 어디로 갈지도 모르면서 바쁘기는 왜 바쁘냐? 처음에 제가 뭐라고 선수를 쳤습니까? 그저 부르셨으니 "스님, 왜 부르셨습니까?"라고 응대하는 게 맞지요. 그리고 스님 이야기를 들어보고 내 사정을 이야기해야 하는데 내 생각에만 빠져서 스님은 전혀 고려하지 않았어요. 그래서 스님은 그냥 불렀을 뿐인데 저는 대뜸 "저 바쁩니다."라고 말했죠. 그런데 정작 어디서 와서 어디로 가는지도 모르는데 모르

는 게 무슨 큰 자랑인 양 제 입으로 "모르겠습니다."라고 대답했어요. 어
디서 와서 어디로 가는지도 모르는데 왜 바쁘냐 이거예요. 맞습니다. 모
순矛盾이지요.

제가 절에 들어온 건 스님이 되거나 복을 받는 게 목표가 아니었습니
다. 이 일갈一喝이 저 자신에게 큰 의문이 되어서였습니다.

여러분이나 저나 우리 모두 지금도 바쁘게 살고 있습니다. 그런데 왜
바쁠까요? 내가 지금 어디로 가는지, 무엇 때문에 가는지 알면서 가고
있는 것일까요?

좌선해서 성불하는가

아주 투명하고 명쾌한 것, 아주 쉬운 것이 불교의 특징입니다. 우리들의 인생살이가 복잡한 것은 무지로 인한 번뇌 때문입니다. 좋은 잠자리에 든 사람이 밤새도록 악몽을 꾸면서 괴로워하는 것과 같아요. 꿈에서 깨면 바로 편안한 곳임을 아는 것, 이것이 불교입니다.

그런데 이렇게 단순하고 명쾌한 불교가 오랜 세월에 걸쳐 전해져 내려오는 과정에서 공연히 복잡해졌습니다. 그래서 선불교에서는 아주 명쾌하고 단도직입으로 진리에 접근할 수 있도록 불교를 다시 새롭게 정립했습니다. 불교는 깨달음을 중요시하고 깨달음을 통해서 모든 번뇌와 속박에서 벗어나는데 선종은 특히 그것을 더 강조하고 있습니다.

한 스님이 가부좌跏趺坐를 틀고 앉아서 좌선坐禪을 하고 있었습니다.

미동도 없이 좌선을 하고 있는데 그 옆을 지나가던 스승이 좌선하는 제자를 보고는 물었습니다.

"너 지금 뭐하고 있니?"

좌선하는 걸 가르쳐 준 스승이 그렇게 물으니 우스운 질문이지요. 그래도 제자는 곧이곧대로 대답했습니다.

"네, 좌선하고 있습니다."

그러니까 스승이 또 물었습니다.

"그래, 좌선해서 뭐하는데?"

제자는 공손하게 대답했습니다.

"성불成佛하려고 합니다."

그랬더니 스승이 "그래?" 이러면서 고개를 갸웃하고는 가 버렸습니다. 난데없이 나타나서 선정禪定을 훼방 놓고 가 버렸으니 희한하지요. 고요한 마음이 잠시 흔들렸지만 제자는 다시 마음을 집중하여 선정에 들었습니다. 그런데 잠시 후 옆에서 드르륵드르륵 소리가 자꾸 들리는 거예요. 참다 참다 곁눈질을 슬쩍 해 봤더니 글쎄, 스승이 옆에 앉아서는 벽돌 두 개를 문지르고 있는 거예요. 숫돌에 낫을 가는 것도 아니고 명상하는 옆에서 이게 뭐 하는 걸까, 어리둥절해진 제자가 물었습니다.

"스승님, 지금 뭐 하십니까?"

"거울 만든다."

이러니 의문이 해결되기는커녕 더 답답해진 제자가 자기도 모르게 힐난조로 물었습니다.

"벽돌을 간다고 어떻게 거울이 됩니까?"

그러자 스승이 제자의 말이 끝나기도 전에 소리를 버럭 질렀어요.

"좌선한다고 어떻게 성불하는고?"

이게 무슨 이야기일까요? '네가 지금 성불하겠다고 좌선하고 있는 것은 내가 지금 벽돌을 갈아서 거울 만들겠다는 것만큼이나 쓸데없는 짓'이라는 겁니다. 자기는 스승이 가르쳐준 대로 똑바로 최선을 다하고 있는데 정작 스승은 엉뚱한 짓하고 있다고 야단친 거예요. 그래서 이제는 정말로 진지하게 다시 질문을 했습니다.

"스승님, 그러면 성불하려면 어떻게 해야 합니까?"

"소 수레를 끌고 가다가 수레가 멈추면 소를 때려야 하느냐, 수레를 때려야 하느냐?"

그 말에 제자가 탁 깨달았다고 합니다.

조금 다른 기록도 있습니다. 처음에는 바로 못 깨닫고 "그야 소를 때려야죠." 그러니까 스승이 냅다 큰 소리로 "이놈아, 그런데 너는 왜 수레를 때리느냐?" 이렇게 호통해서 그 순간에 깨쳤다고도 합니다.

이것이 선종의 위대한 스승이신 남악회양南嶽懷讓 선사와 마조도일馬祖道一 선사의 선문답禪問答입니다. 본질을 꿰뚫어야지 형식을 갖고 놀지 말라는 이야기예요. 이게 선禪입니다.

선이라고 하는 것은 그저 남이 시키는 대로 한다고 되지 않습니다. 선은 앉는 데 있는 게 아니고, 부처는 일정한 형상이 있는 게 아닙니다. 마냥 앉아서 움직이지 않는 것으로는 성불할 수가 없어요. 법은 어떤 모양이나 형상으로 얘기될 수 있는 게 아니라 마음에 계합契合해야 깨달을 수 있는 것입니다. 어떤 형식을 흉내 낸다고 그것이 마음에 계합하는 게 아니에요. 부처님도 진리는 과거로부터 전승되어 내려오는 경전이나 교리, 지식, 습관, 관습, 윤리, 도덕 등으로 검증할 수가 없다고 말씀하셨습니다.

그런데 오늘날 우리는 진리의 검증을 어떻게 합니까? '아, 그거 무슨 경에 있다.' '아무개 논문에 있더라.' '백과사전에 있다.' '신문에 났더라.' '우리 스님이 말했어.' '목사님이 말했어.' '성경에 있어.' '옛날부터 그리해 왔어.' 이렇게 자기 바깥의 다른 어떤 것들을 끌고 와 증거 삼아 진리를 검증하려 듭니다.

그러나 진리는 이런 것으로 검증될 수 없습니다. 불립문자입니다. 문자가 필요 없다는 게 아니라 문자를 세우지 않는다, 즉 문자를 절대화하지 않는다는 뜻입니다. 바깥의 것들을 다 놓아버린 경지에서 바로 자기 마음에 계합해야 합니다. 자기가 바로 체험해야 합니다. 그래야 흔들리지 않는 경지로 나아갈 수 있습니다.

창청창청

한 스님이 어느 고승을 찾아가서 "도가 뭡니까?" 하고 물었더니 "창청창청" 하고 대답했어요. 거기다 대고 뭐라 할 말이 없어서 그냥 돌아와 스승에게 물었습니다.

"도가 뭐냐고 여쭈었더니 이렇게 대답하시던데 도무지 무슨 뜻인지 모르겠습니다."

"그래? 그럼 너는 뭐라고 했느냐?"

"아무 대답도 못했습니다."

"그럼 다시 가서 물어라. 물어서 상대가 '창청창청' 그러거든 너는 '어험' 하고는 상대가 어쩌는지를 살펴보아라."

그래 다시 가서 "도가 뭡니까?" 하고 물었어요. '창청창청' 하고 대답하면 '어험' 하고 대꾸할 생각이었지요. 그런데 고승이 이번에는 뭐라고 했을까요?

"어험!"

그래서 스님은 다시 할 말이 없어지고 말았어요.

이렇게 깨달음은 흉내 내어 얻을 수 있는 게 아닙니다. 누구에게 지침을 받아서 이룰 수 있는 것도 아닙니다. 조사들의 선문답을 해석해서 '이렇게 말하면 이렇게 대답하고, 저렇게 말하면 저렇게 대답하면 된다.'라고 하면 이런 것은 이미 사구死句입니다. 근본 교설教說이 교리로서 형상화되었을 때 대승불교가 그것을 법집法執이라 비판했습니다. 대승불교가 또다시 관념화되었을 때 선불교가 불립문자로써 그 관념을 깼습니다. 그런데 오늘날 선불교 또한 형상화되어 가고 있습니다. 그런 형식을 본받아 흉내 낸다고 해서 해탈하는 게 아닙니다.

그러나 형식에 구애받지 않는다는 말이 형식을 무조건 다 버려야 한다는 얘기는 아닙니다. '형식에 구애받지 않는다.' 이 말은 '필요하면 형식도 차린다.'는 뜻까지 포함하고 있습니다. '선은 앉는 데 있는 게 아니다.' 이 말은 앉는다고 다 선이 되는 건 아니라는 뜻이지만 그렇다고 앉는 게 선이 아니라는 뜻도 아닙니다. 잘못 들으면 어느 한쪽으로 치우치기 쉽지요.

아무 공덕도 없소이다

선불교의 창시자, 다시 말해 달마 선종의 초조初祖는 인도에서 중국으로 건너온 보리달마菩提達磨 대사입니다. 달마대사가 "내가 선종을 만들겠다."라고 말을 해서 선종이 시작된 것은 아닙니다. 그러나 나중에 선종이 성립되고 나서 살펴보니 누가 봐도 달마대사로부터 시작되었어요. 그래서 선종의 제1조를 달마대사라고 합니다. 2조는 혜가慧可, 3조는 승찬僧璨, 4조는 도신道信, 5조는 홍인弘忍, 6조는 혜능慧能입니다. 그래서 우리가 혜능대사를 육조 대사라고 부르는 것이지요. 7조는 남악회양, 8조는 마조도일입니다.

달마대사가 처음 인도에서 중국으로 왔을 때, 당시 중국은 남북조 시대南北朝時代였습니다. 양쯔 강揚子江, Yangzi 이남에는 양梁나라가 있었습니다. 그 양나라를 창건한 사람이 무제武帝였어요. 양 무제는 독실한 불교신자로 불교를 크게 후원했습니다. 수많은 절을 짓고 경전을 번역해서 간행·유포하고 스님들도 많이 양성해서 불교의 성장에 크나큰 기여를 했습니다. 그래서 당시 스님들은 양 무제를 위대한 전륜성왕轉輪聖王에 비유하며 칭송했습니다. 전륜성왕은 '왕 중의 왕'이라는 뜻입니다. 인도에서 불법을 옹호했던 유명한 왕, 인도 역사 최고의 위대한 왕이 아소카Asoka 왕이었습니다. 인도에 아소카 왕이 있다면 중국에는 무제가 있다는 칭송을 들었던 거예요.

인도에서 고승이 왔다는 소식을 들은 양 무제는 달마대사를 궁중으로 초대했습니다. 그렇게 만난 자리에서 무제가 달마대사에게 양나라 불교의 현황을 죽 설명하면서, 자기가 절을 수백 군데 짓고 경전 수십만 권을 번역·유포하고 승려들을 수천 명 양성했다고 이야기했어요. 굉장한 업적이지요. 그러고 나서 이렇게 물었습니다.

"대사, 이만하면 내가 지은 공덕이 얼마나 되겠소?"

쌓은 공덕을 고승에게 증명 받고 싶어 은근슬쩍 물어본 게지요. 경전에 보면 아이들이 모래밭에 장난으로 부처님 얼굴을 그리고 장난으로 탑을 쌓아도 공덕이 한량없어서 성불의 인연을 짓는다는 말이 있습니다. 파도가 한 번 밀려오면 그냥 허물어지는 모래 탑, 모래 불상을 지어도 성불할 공덕을 지었다고 할 정도로 불사의 공덕을 찬탄합니다. 그러니 양 무제가 한 일은 얼마나 엄청나겠어요? 그런데 달마대사가 이렇게 대답했습니다.

"무無", 즉 "공덕이라 할 것이 없습니다."

'아무 공덕도 없다'고 한 거예요. 이렇게 꿰뚫어보는 눈도 중요하지만 입 밖에 내어 말하는 용기도 필요한 대답이었습니다. 양 무제가 아무리 불교신자라고는 하지만 자기가 그렇게 많은 일을 했는데 '아무 공덕도 없다'고 하니 심통이 났습니다. 심통이 나는 그 순간 자기 마음을 바로 봐야 하는데 그러지 못했어요. 그럼 당연히 의문이 생기겠지요. 양 무제는 이것이 '아무 공덕이 없다'면 도대체 불교 최고의 가르침이라는 '성제聖諦'가 무엇인가 하는 의문을 품었습니다. 양 무제는 절을 짓고 경전을 유포하며 승려를 양성하는 것이 불교의 최고 이상을 실현하는 길이라 믿고 그러한 보시를 해서 한량없는 공덕을 지었다고 생각했는데, 공덕이 없다 하니까 마음이 상하기도 하고 의문이 들기도 한 거예요. 그래서

"성제의 첫 번째가 무엇이오?"

양 무제가 물었어요. 그랬더니 달마대사가

"텅 비어서 성聖이라 할 것이 아무것도 없습니다."

그래서 무제가 이번에는

"당신 누구요?"

이렇게 물었어요. 네가 누군데 감히 이런 말을 하느냐는 뜻이었지요. 그랬더니 돌아오는 대답이

"나도 모릅니다."

이래요. 화가 난 무제가 칼을 빼들고 목을 치려 들었지만 옆에서 스님들이 말려서 죽이지는 않았습니다. 그렇게 불법을 숭앙崇仰하는 불자라

칭송받았지만 제 마음에 안 드는 말을 하니까 위대한 스님이고 뭐고 죽이려 한 것이었습니다. 바로 이럴 때 일어나는 자기 마음을 봐야 합니다. 안으로 보지 않고 밖으로만 보니 눈에 보이는 것이 없는 것입니다.

이런 경험을 하고 달마대사가 양나라를 둘러보니 불법이라 할 만한 것이 없었습니다. 으리으리한 절에 수많은 경전에 가사장삼 떨쳐입은 승려만 많지 붓다 담마, 불법이 살아 있는 게 아니었다는 말입니다. 그래서 양쯔 강을 건너 북쪽으로 가서 소림사少林寺에 머물렀어요. 인도에서 유명한 고승이 왔다고 하니 아무리 시골에 은거隱居하고 있어도 중국 전역에서 내로라하는 학승들이 다 찾아왔겠지요. 와서 온갖 질문과 부탁을 했습니다. 달마 권법을 가르쳐 달라, 신통력을 가르쳐 달라, 산스크리트어Sanskrit, 梵語를 가르쳐 달라 하며 온갖 걸 얻으려 들었어요. 그런데 불교의 근본 요지인 무소득無所得에 대해서는 아무도 관심이 없었어요.

『반야심경般若心經』에 보면 무지역무득無智亦無得 이무소득고以無所得故라는 구절이 나옵니다. '깨달음이라 할 것도 없고 깨달음을 얻었다 할 것도 없다. 얻어 가질 것이 본래 없는 까닭이다.'라는 뜻입니다. 그런데 『반야심경』을 마르고 닳도록 읽고 외우며 수 십 년씩 절에 다니는 사람들이 그 경에 들어 있는 부처님의 말씀에 관해서는 관심이 없었어요. 그렇게 다들 세속적 이익만 얻으려 드니 온갖 사람이 와서 온갖 말을 해도 대사는 아무 대답도 하지 않았어요.

네 마음을 내놓아라

달마대사는 면벽구년面壁九年의 9년 동안 묵언하며 지냈어요. 법을 전하러 왔지만 법을 구하는 사람은 없고 모두 세속적인 자기 이익을 구하는 사람들뿐이었으니까요. 찾아온 사람 입장에서는 뭔가 얻으러 왔는데 상대가 주지 않으면 계속 있을 이유가 없으니, 왔다가도 금방 가 버렸습니다. 그렇게 다들 가을바람에 휘날리는 낙엽처럼 그저 왔다갔다하는 날의 연속이었습니다.

그런데 그 중 딱 한 스님만 떠나지 않고 아무 말도 없이 옆에서 같이 사는 거예요. 달마대사가 명상하면 자기도 명상하고, 일하면 자기도 일하고, 예불하면 자기도 예불하고, 도무지 말이 없었어요. 어느 겨울날, 달마대사가 명상을 마치고 일어나서 보니까 눈 쌓인 바깥에서 이 스님도 앉아서 명상을 하고 있었습니다. 그래서 드디어 9년 만에 처음으로 입을 열어 물어봤어요.

"너 왜 왔냐?"

무얼 얻으러 왔나, 온갖 사람이 온갖 것을 얻으러 왔다 그냥 갔는데 너는 도대체 뭘 얻으러 왔기에 이렇게 몇 년을 기다리느냐는 말이었습니다. 그랬더니 이 스님이 말했습니다.

"안심입명安心立命의 도를 얻으러 왔습니다."

마음이 편안해지는 도를 얻으러 왔다는 거지요. 그래서 대사가 다시 물었어요.

"네 마음이 지금 어떤데?"

"예, 제 마음이 심히 불안합니다. 이 불안한 마음을 편안케 해 주십시오."

9년을 기다린 끝에 스승이 드디어 관심을 보여주니 얼마나 간절했겠어요. 그랬더니 스승이 말했어요.

"그래? 불안한 마음을 이리 내놓아라. 내가 편안케 해 주겠다."

그러면 이제 '여기 있습니다!' 하고 마음을 내놓기만 하면 됩니다. 그러려면 바랑을 뒤져서 마음을 꺼내야 할까요, 팔만대장경을 뒤져서 찾아 보여줘야 할까요? 아닙니다. 자기 마음을 봐야 합니다.

이게 스승이 하는 일이에요. 제자는 지금까지 밖에서 구했습니다. 진리가 밖에 있다고 생각했기에 산 넘고 물 건너 수천, 수만 리 떨어진 여기까지 찾아왔어요. 그런데 이 문답이 눈을 안으로 향하게끔, 자기 쪽을 보도록 딱 바꿔줬어요. 마음을 내놓으려면 밖에서 찾을 수 있는 것이 아니니까요.

여기서 긴 침묵이 흘렀습니다. 직지, 자기 마음을 자기가 바로 꿰뚫어 보게 된 침묵이었어요. 한참 뒤에 제자가 말했습니다.

"내놓을 것이 아무것도 없습니다."

스승이 대답했습니다.

"내 이미 네 마음을 편안케 했노라."

제자는 마음을 편안케 했다는 스승의 말에 편안해졌어요? 아니면 내놓을 게 없다고 대답할 때 이미 편안해졌어요? 스승이 깨달음을 준 게 아니라 자기 스스로 증득한 겁니다. 깨달음은 주고받을 수 있는 게 아니지요. 이렇게 깨달은 분이 2조 혜가대사입니다.

무거운 죄

혜가대사는 많은 사람에게 바른 법을 설하면서 위대한 스승으로 유명해졌습니다. 어느 날 밤, 혜가대사가 묵고 있는 방 앞으로 찾아온 사람이 있었습니다. 도를 구하는 마음이 간절했던 어떤 나병^{한센병} 환자였어요.

옛날에 나병은 고칠 수 없는 병이었어요. 게다가 전염되기 때문에 가족 중 누구라도 나병에 걸리면 깊은 산골짜기 움막에 옮겨놓고 죽을 때까지 음식만 조금 가져다주는 정도였어요. 동네 어귀까지 동냥을 얻으러 와도 사람들이 다들 겁내고 피했어요. 쉽게 말하면 가족은 물론 세상으로부터 완전히 버림을 받았지요. 그래서 나병은 천벌이라고 했어요. 죄가 너무 무거워 하늘이 노해서 벌을 준 것이라고들 했지요. 그런데 공부도 잘해서 과거에 급제하여 관리로 있던 양반집 자제가 덜컥 나병에 걸려 세상으로부터 격리된 거예요. 이 사람이 받은 충격은 엄청나게 컸겠지요. 보통 나병 환자라면 밥이나 얻어먹고 사는 데까지 살다가 죽을 텐데 이 사람은 지식인이고 영리하니까 '내가 이생에는 비록 천벌을 받아서 이렇게 죽더라도 내가 죽기 전에 이 죄를 사赦해야겠다. 그래야 다음 생에는 이런 고통을 겪지 않을 것 아닌가.'라고 생각을 했어요. 마침 위대한 도인이 계신다는 소식을 듣게 되어 어떻게든 그분을 찾아뵙고 자기 죄를 사할 방법을 찾고 싶은 마음이 간절했습니다. 당시 나병 환자는 절에도 들어갈 수가 없었기에 문드러진 코며 손을 모두 천으로 감아서 숨기고 밤에 몰래 조실채 문을 두드렸어요. 대사가 그를 안으로 불러들이고 보니까 나병 환자예요. 얼굴을 들지 않고 눈을 내리깐 채 엎드려 절을 한 뒤 자기 사정을 이야기하고는,

"대사님, 저의 이 무거운 죄를 좀 사해 주십시오."라고 말했습니다.

천벌을 받았다고 생각하기 때문에 자기 죄를 사해 주십사 비는 간절한 마음이었어요. 혜가대사가 보니 비록 나병 환자라도 질문하는 걸 보면 영특해요. 그래서 딱 이렇게 이야기했어요.

"그 무거운 죄를 이리 내놓아라. 내가 사해 주겠다."

짊어지고 다니기 무겁던 죄를 딱 내놓기만 하면 없애준다, 절호의 기회지요. 그런데 그 무거운 죄를 내놓으려면 움막에 가서 들고 와야 할까요, 하늘에 가서 가져와야 할까요, 땅을 파서 찾아야 할까요? 자기를 봐야 합니다. 이게 바로 스승이 하는 일이에요. 눈길을 내 안으로 돌려주는 겁니다.

침묵이 죽 흘렀습니다. 너무너무 간절했던 소원이 이루어지는 순간이 잖아요. 지금까지 그 무거운 죄를 짊어지고 살면서 죄를 사할 방법을 찾는 간절한 마음은 이루 말할 수가 없었어요. 그런데도 할 말을 잃고 만 것이지요. 한참 시간이 지난 후에야 그가 말했습니다.

"내놓을 게 없습니다."

그러니까 스승이 말했습니다.

"내 이미 네 죄를 다 사했노라."

어떤 물건이 이렇게 왔는고

  혜능대사의 제자 중에서도 가장 위대한 제자는 바로 7조인 남악회양
선사입니다. 이 분은 도를 얻겠다는 간절한 일념으로 출가한 후, 이미
10년 이상을 이 스승 저 스승 찾아왔습니다. 공부해왔어요. 그러다가
숭산嵩山에서 만난 스승이 혜능대사에게 가보라고 소개를 하여 몇날 며
칠 산을 넘고 물을 건너 스승을 찾아왔습니다. 땀에 흠뻑 젖어 찾아와
서는 드디어 공경하던 스승을 뵙게 되어 두근거리는 마음으로 합장하고
문안을 드리려고 문을 열었어요. 그런데 한 발을 들여놓는 순간 혜능대
사가 벽력같이 고함을 질렀어요.

  "어떤 물건이 이렇게 왔는고?"

  그 자리에서 멈춰 섰어요. 오기는 분명 왔습니다. 그런데 대답이 콱
막혀 버렸어요. 시체가 온 것도 아니니 몸뚱이가 왔다고 할 수도 없고,

이름이 온 것도 아니니 아무개가 왔다고 대답할 수도 없어요. 입도 뻥긋할 수가 없었어요.

그런데 어떤 물건이 이렇게 왔느냐는 말은 '너 누구냐?'라는 말과 똑같습니다. 내가 오기는 왔는데 내가 누군지도 모르겠다고 하면 그 다음 것은 물어볼 필요도 없습니다. 자기도 모르는 게 뭘 물어보겠어요. 그러니까 한 발은 안에 한 발은 밖에 엉거주춤하니 걸치고 있다가 인사도 못 한 채 문을 닫고 그냥 나와 버렸습니다. 산 넘고 물 건너 수만 리 길을 찾아왔는데 한마디도 못 하고 돌아 나왔어요.

이 분은 '내가 누군가?'에 대해 대답을 하기까지 7년의 세월이 흘렀습니다. 그렇지만 말 떨어지자마자 대답하든, 잠시 침묵하든, 7년 뒤에 대답하든 이야기에는 큰 차이가 없습니다. 긴 시간을 줄여서 7년을 없애버리고 묻자마자 대답했다고 전하기도 합니다. 어쨌든 콱 막혔다가 7년 만에 다시 와서 절을 하면서 이렇게 말했어요.

"스승님, 한 물건이라 해도 옳지 않습니다. 그건 물건이라고도 이름할 수가 없는 것입니다."

그 대답을 했을 때 스승이 다시 물었습니다.

"힘써 닦을 것이 있는가?"

"닦는다고 할 수는 있겠지만 더럽힐 수는 없습니다."

닦는다고 말할 수도 있겠지만 그 자체는 본래 더러움이 없고, 본래 더러움이 없으니 더럽힐 수 없다는 겁니다. 화날 일도 괴로울 일도 슬퍼할 일도 아닌 그저 그 자리라는 말입니다. 법은 그냥 그것일 뿐이다, 청정하다는 거예요. '더럽다'와 반대되는 뜻으로 '청정하다'는 게 아니라 더럽고 깨끗함이 없는 불구부정不垢不淨의 자리라는 말입니다. 이것을 법法의 실상實相이라고 합니다.

그런데 우리는 순간순간 미혹해서 전도몽상顚倒夢想이 일어납니다. 마치 허공의 헛꽃을 보듯, 꿈에서 환영을 보듯, 없는데도 있는 것처럼 허깨비들을 봅니다. 그렇기 때문에 늘 깨어있어야 합니다. 마치 바다에 파도가 일듯 경계에 부딪힐 때마다 늘 갖가지 느낌과 생각이 일어남을 그때그때 알아차려야 합니다. 그래야 그 파도에 휩쓸리지 않을 수 있습니다.

사주팔자를 고치는 마음의 원리

우리가 인생을 살다보면 힘들고 괴로울 때가 있습니다. 그럴 때 마냥 헤매지 말고 자기 번뇌를 꿰뚫어 보아야 합니다. 악몽에 시달리고 있으니 빨리 꿈을 깨야지요.

혼자 있으면 혼자여서 좋고 둘이 살면 둘이 살아서 좋고 애가 있으면 애가 있어서 좋고 없으면 없어서 좋습니다. 길을 가다가 돌부리에 채여 넘어지면 벌떡 일어나서 "아이고, 이 돌에 앞으로 얼마나 많은 사람이 걸려 넘어질까." 하면서 호미를 가져와서 돌멩이를 뽑아버리세요. 그러면 오늘 걸려서 넘어진 것이 잘 넘어진 것이 됩니다. 넘어지지 않았으면 그 돌멩이를 발견할 수 없었을 테니까요. 넘어진 것이 도리어 복이 되었어요. 이것을 전화위복轉禍爲福이라고 합니다.

이 세상에 일어난 모든 일은 단지 하나의 사건입니다. 일어난 일이 애초부터 재앙이나 복으로 일어나는 것이 아닙니다. 그것을 재앙으로 만드느냐 복으로 만드느냐는 자신에게 달렸습니다. 일체一切가 유심소조唯心所造예요. 그런데 여러분들은 인생을 살아가면서 일어나는 많은 사건을 다 재앙으로 만들어요. "아이고, 내 팔자야. 내가 전생에 무슨 죄를 지어서 이럴까?"라고 아우성치지만 사실은 전부 자기가 만든 재앙이에요. 그런데 이것을 탁 뒤집으면 모든 것이 복이 됩니다. 이렇게 자기가 자기를 복되고 아름답게 가꾸어 나가는 것이 불법이에요. 불교는 사주팔자를 따라서 살아가는 것이 아니라 사주팔자를 고치는 것입니다. 운명을 바꾸는 것이지요. 육도윤회六道輪廻하는 중생의 운명, 그 얽매임에서 벗어나 해탈하는 부처의 세계로 가는 것이 수행입니다. 그러니까 수행해야 합니다.

수행의 길, 공부의 길은 불교 신자가 아니어도 갈 수 있습니다. 어떤 종교의 신앙인이라도 관계없고 신앙인이 아니라도 관계없습니다. 종교뿐 아니라 지위, 성별 등 이 모든 것을 뛰어넘는 것이 불법입니다. 누구든 이 가르침에 따라 수행하면 해탈할 수 있어요. 그러니 종교나 종파가 다르다고 걱정할 필요가 없습니다. 신앙의 자유는 헌법으로 보장되어 있으니 굳이 종교를 바꿀 필요도 없습니다. 중요한 것은 종교가 무엇이든 이 법대로 공부하면 누구나 자유로워지고 행복해진다는 것입니다.

그런데 불교를 전문으로 가르치는 학자도 아내와 싸우고 아이 때문에 괴로워합니다. 스님이었던 사람도 결혼해서 애 낳고 살게 되면 애 때문에, 배우자 때문에 골치가 아픕니다. 왜 그럴까요? 진리를 체험하지 못했기 때문입니다. 아무리 겉으로 그럴 듯한 형식을 갖추었다고 해도 법을 체득하지 못하면 자신의 삶에 도움이 되지 못합니다.

정토회에는 자신의 신앙이 불교가 아닌 사람들이 많습니다. 특히 해외에 가면 정토회원 중 절반은 타 종교인입니다. 교민들 다수가 교회에 다니기 때문에 저는 교회 다니는 사람들을 대상으로 종종 법문합니다. 교회 다니는 사람에게 절에 오라 하면 오지 않으니 식당이나 강당 같은 건물에서 강연하고 주제도 불교와 관련된 것은 빼고 보편적인 주제를 다룹니다. 일요일은 교회 나가고 다른 날 와서 법문 듣는 사람들에게 교회 가지 마라 절에만 오라 할 수 없지요. 어느 신앙을 가지느냐는 자기가 선택하는 거예요. 이래라 저래라 할 필요 없이 그저 이 좋은 법을 널리 전하면 그뿐입니다. 다른 종교를 가진 채 불법을 배우는 사람도 있고 이왕 불법을 배울 바에야 종교까지 불교로 바꾸는 사람도 있어요. 그것은 개인의 자유입니다.

저는 교회 다니는 사람과 종교 없는 사람들이 제 법문을 많이 들으면 좋겠습니다. 그 중에서도 종교 없는 사람이 믿음이 적고 의심이 많아 잘 따지기 때문에 불법 공부하기에 안성맞춤이에요. 잠깐만 이야기를 나누면 자신의 문제를 해결할 수 있습니다. 제일 어려운 사람이 종교를 가진 사람 중에서도 절에 다니는 사람입니다. 절에만 다니면 불법을 아는 줄 스스로 착각하기 때문이지요. 그러니까 종교생활로 절에 다닌다 해도 불법은 따로 공부해야 합니다. 제가 말씀드리는 공부는 종교니 과학이니 하는 것을 모두 떠난 깨달음의 세계, 우리가 진정 행복해지고 자유로워지는 길이 무엇인지에 초점을 두는 공부입니다.

배우자나 부모가 좋아하지 않는다 해도 괜찮습니다. 부처님이 출가할 때 아내인 야소다라^{Yasódhara} 공주와 부모인 슈도다나^{Súddhodana} 왕이 좋아했을까요? 아닙니다. 아내나 남편, 부모가 하는 이야기에 흔들려서는 안 됩니다. 그 사람들은 내 인생의 길잡이가 될 수 없습니다. 부모는 자기 나름의 어리석은 생각 속에서 자식이 오직 안전하기만을 바라기 때문에 자식을 해탈시키지 못합니다. 공자처럼 위대한 분도 아내 눈에는 짜증스러운 남편에 불과했습니다. 그러니 내가 보는 아내, 내가 보는 남편, 내가 보는 자식, 이것만으로는 반드시 옳다고 할 수 없습니다. 저희 아버지께서는 저를 두고 "훌륭하면 뭐 하나? 저 들에 무성한 풀도 다 씨가 있는데 자식도 없으면서."라고 말씀하셨습니다. 이렇듯 부모님이 보는 자식의 기준은 다른 사람들과 다릅니다. 부모님 말씀을 다 들으면 바른길로 가기 어렵습니다. 남편 말도 다 들을 수 없고 아내 말도 다 들을 수 없어요. 무조건 듣지 말라는 것이 아니라 진리로 갈 때는 자기가 깨쳐야 한다는 뜻입니다. 깨치지 못하면 어떻게 해야 하는지 누구 말을 들어야 하는지 알 수 없습니다.

그러니 자기 인생의 문제를 자기가 단도직입으로 살펴서 해결해야 합니다. 그러면 인생살이가 절대 복잡하지 않습니다. 죽을 때까지 애써도 해결 못 하는 것이 아니라, 잠시 잠깐이면 해결하고 나머지 인생은 자유롭게 살 수 있어요. 죽을 때까지 수행해서 죽기 전에야 깨닫는 것이 목표가 되면 안 됩니다. 단박에 깨닫고 나머지 인생을 행복하게 살아야 합니다.

나를 아는가

우리는 자기 생각에 갇혀 사는 줄 모릅니다.
부처님이 이 세상에 오셔도 알아볼 수 없고
스승이 있다 한들 스승의 말을 들을 수 없습니다.
이것은 스승의 문제도 아니고 부처님의 문제도 아닙니다.
내 눈을 뜨지 않는 이상,
이 세상에 부처님이 수없이 와도 나를 구제할 수 없습니다.
그러니 남 탓하지 말고 자기를 살펴 눈을 뜨는 데
집중해야 합니다.

목불에 무슨 사리가

옛날에 한 수행자가 부처님의 진신眞身을 친견親見하겠다, 깨달음을 얻겠다는 목표로 아주 부지런히 정진했어요. 누가 봐도 참으로 훌륭한 수행자라는 칭찬을 받으면서 10년 동안 정진을 했는데도 부처님의 진신, 법신法身을 친견하지 못했어요. 다시 말해 깨달음을 얻지 못했어요. 그래서 그는 간절히 원을 세웠습니다.

'3년 동안 목숨을 걸고 기도하겠다. 그리 해도 부처님을 친견할 수 없다면 나는 부처님과 인연이 없는 사람이니 퇴속退俗해서 부모에게 효도하고 세상에 유익한 일을 하며 사는 게 낫지 않겠는가?'

그래서 아무도 찾지 않는 깊은 산 속 작은 암자에 들어갔어요. 거기서 원을 세우고 3년 동안 두문불출杜門不出하면서 하루에 네 번씩 부처님께 공양을 올리고 정성껏 기도를 했습니다.

시간이 흘러 이제 3년째 겨울, 천일기도가 끝날 즈음이 되었어요. 회향일廻向日이 얼마 남지 않았는데 아직도 깨달음을 얻지 못했다는 생각에 마음이 조급했지요. 그런데 그해 겨울에 눈이 너무 많이 와서 나무하러 가지도 못하고 마을에 탁발托鉢하러 가지도 못하다 보니 땔감도 양식도 다 떨어졌어요. 며칠 굶으며 떨고 있으니 이래서는 도저히 안 되겠다 싶었지요. 양식과 장작을 구해 당장의 허기와 추위를 좀 면해야겠다 싶어 아침 일찍 출발해 마을에 내려갔어요. 그런데 몇십 리 눈길을 헤치고 내려가 탁발하는 사이에 또 폭설이 쏟아져서 돌아갈 수가 없게 되었어요. 천 일 동안 하루도 빠지지 않고 부처님께 공양을 올리고 기도해서 이제 회향이 코앞인데 제때 못 올라가면 기도를 빼먹게 되니까 마음이 오죽했겠어요? 발을 동동 굴러도 방법이 없었어요. 하루하루 눈 그치기만을 기다리다 보니 일주일이 지나버렸습니다.

　　수행승은 이제는 가다가 죽는 한이 있어도 가야겠다는 각오로 양식을 둘러메고 무작정 길을 나섰어요. 눈 속에 빠져 허우적대고 헤맨 끝에 겨우 암자에 도착해서 숨을 돌리는데 댓돌에 자기 것이 아닌 짚신이 한 켤레 가지런히 놓여 있는 거예요. 도무지 올 사람이 없지만 신발이 있는 것을 보니 누가 분명 오기는 왔어요. 그런데 올라올 때 발자국이 있었다면 어제오늘 왔다는 뜻일 텐데, 발자국이 전혀 없었어요. 그러면 일주일도 전에 자기가 내려가던 날에 왔을 가능성이 높지요. 양식도 하나 없는 냉방에서 꼼짝없이 얼어 죽었겠구나 생각이 들었어요. 천일기도 하는 동안에 절 비우고 부처님께 공양도 못 올리고 결국은 사람까지 하나 죽이게 된 셈입니다. 후회하고 뉘우치면서 문을 딱 열었는데 당연히 죽었으리라 생각한 사람이 코를 골며 자고 있었고 방 안에는 훈기가 감돌고 있었어요. 죽은 줄 알았던 사람이 살아 있는 것은 안도할 일이었지만 나무 조각 하나도 없었는데 무엇을 때서 방이 따뜻해졌는지 도무지 알 수가 없었습니다. 어리둥절한 와중에 일단은 사람이 살았으니까 법당에 가서 부처님께 인사부터 드리기로 했지요.

'부처님 죄송합니다. 제가 정성이 부족해서 결국은 부처님 공양을 일 주일이나 빠뜨렸습니다.'

이렇게 참회하면서 절을 하고는 고개를 들어 올려다보니까 부처님이 온데간데없는 것이었습니다. 그 순간 번갯불처럼 머릿속을 스쳐 가는 생각이 있었어요.

'저놈, 저놈이 춥다고 부처님을!'

한달음에 쫓아가서 문을 열고는 대뜸 멱살을 잡고 소리를 질렀어요.

"야, 이 죽일 놈아! 아무리 추워도 그렇지 명색이 중인데 어떻게 부처님을 불에 땔 수가 있느냐?"

보통 부처님도 아니고 천 일 동안 정성을 기울여 기도했던 부처님을 객승이 불에 태워버렸으니 수행승이 화가 머리끝까지 났어요. 그러자 객승이 멱살을 잡고 있는 손을 놓으라면서 말했어요.

"아이고 스님, 잠깐만 놓아보세요. 급하니까 조금만 놓아보시라고요."

천지 사방에 눈이 쌓여 도망갈 곳이 없겠다 싶어서 수행승이 일단 멱살을 놓아주니까 객승은 후닥닥 문을 열고 나갔어요. 뭘 하나 싶어 수행승이 따라가 보니 객승이 부엌에 들어가서는 부지깽이로 아궁이의 재를 막 뒤적이는 겁니다. 그래서 수행승이 객승에게

"너 도대체 뭐 하는 수작이냐? 왜 난데없이 부지깽이를 가지고 재를 뒤지느냐?"

이렇게 따져 물으니 객승이

"사리 찾는다." 이렇게 대답했어요.

부처님을 화장했으니 사리가 나왔으리라는 이야기예요. 어이가 없어진 수행승이,

"이놈아, 목불에 무슨 사리가 있냐?"

그러니까 부지깽이를 들고 있던 객승이 수행승을 쓱 쳐다보고는 이렇게 말했습니다.

"그럼 마저 갖다 때야겠네."

그 순간 수행승이 탁 깨쳤어요.

수행승은 처음에는 부처를 불에 땠다고 화를 내고 난리를 피웠습니다. 그런데 사리 찾는다고 하니까 목불에 무슨 사리가 있느냐고 어이없다는 듯이 말했어요. 목불에 무슨 사리가 있냐는 말은 '그게 나무토막이지 무슨 부처냐?'라는 말입니다. 방금 자기 입으로 '부처를 어떻게 불에 땔 수가 있느냐.'며 사람을 죽일 듯이 달려들어 때리며 화를 내놓고는 같은 입으로 '그게 어떻게 부처냐, 나무토막이지.'라고 말합니다. 그런데 자기가 그렇게 말하면서도 자기가 그런 모순을 가진 줄 스스로 몰랐

어요. 수행승이 목불에 무슨 사리가 있냐고 하니 객승이 뭐라고 받아쳤습니까? "그럼 나머지도 갖다 때야겠네."라고 했지요. 부처가 아닌 나무 토막이라면 추운데 불이나 때지, 무엇 때문에 법당에 모시고 절하느냐는 객승의 말을 듣고서야 수행승은 자기 모순을 깨닫고 자기 생각에 사로잡혀 있던 상태에서 벗어났습니다.

이것이 깨달음입니다. 그때 새로운 세계가 확 열린 거예요. 왜 부처를 불에 때는가? 그것이 부처라면 사리가 나와야지, 나무토막에서 어떻게 사리가 나오겠나? 그럼 그것은 부처가 아니고 나무토막이지 않느냐? 이것이 '목불에 무슨 사리가 있는가?'라고 하는 유명한 화두話頭입니다. 스승님들이 깨달음에 이른 한 대목이지요.

우리는 이렇게 스스로 모순인 경우가 매우 많지만 그런 모순을 자신은 모릅니다. 이 모르는 것이 바로 무지입니다. 알면서 못 하는 경우도 있지만 아예 모르는 거예요. 화를 벌컥 내는 사람에게 왜 화를 내느냐고 물으면 "내가 언제 화를 냈다고 그래?" 이러는 경우가 많습니다. 술 취한 사람보고 "당신 취했소." 그러면 "난 멀쩡한데?" 이래요. "어, 그래? 내가 좀 취했나?" 이렇게 대답하는 사람은 아직 덜 취한 사람입니다. 취했을 때 취한 줄 아는 사람은 아직 덜 취한 사람이고 취했을 때 취한 줄 모르는 사람은 많이 취한 사람이에요. 화를 내면서 '어, 내가 지금 화내고 있구나.' 하고 알아차리는 사람은 화를 내고는 있지만 거기서 벗어날 가능성이 있습니다. 그러나 "내가 언제 화를 냈다고 그래?" 이렇게 자기가 화를 내면서도 화 내고 있는 줄 모르는 사람은 벗어날 길이 없습니다.

우리는 자기가 어리석은 줄을 모릅니다. 고치는 것은 둘째 치고, 아예 모르는 줄도 몰라요. 잘못했으면서도 잘못한 줄을 모르고, 틀렸으면서도 틀린 줄을 모릅니다. 그래서 자기 생각에는 아무 문제가 없는데 이상하게 괴롭고 슬퍼요. 마음에 근심과 걱정, 초조와 불안, 미움과 원망이 떠나질 않습니다.

'깨달음의 장' 수련 중에 평생 남편한테 잘못했다는 소리 한번 안 해봤다고 하는 부인이 있었어요. 어떻게 그럴 수가 있느냐니까 자기는 잘못한 일이 없으니까 그랬대요. 그런데 그 남편은 제게 와서 "아내가 여기 와서 며칠 수련하면 사람 좀 되겠습니까?" 이랬어요. 그 부인이 5일 수련하는 동안 한 번도 자기를 돌이키는 힘이 없었는데 끝나는 날 저를 보고 이렇게 말했습니다.

"스님, 제가 고집이 좀 센가요?"

깨닫지는 못했지만, 분위기를 보니까 자기한테 뭔가 좀 문제가 있구나 싶어진 거예요. 이 정도라도 자기를 생각하는 힘만 있어도 인생이 바뀝니다. 며칠 뒤 그 언니가 전화를 했어요.

"스님, 제 동생에게 어떻게 하셨어요? 제 동생이 수련 다녀오더니 사람이 달라졌습니다."

자기에 대해 아는 것이 그만큼 중요합니다. 고치고 못 고치고, 많이 알고 조금 알고를 떠나서 일단 자기 상태를 있는 그대로 아는 것이 중요해요. 틀렸을 때 틀린 줄 알아야 고칠 기회가 있고 잘못했을 때 잘못한 줄 알아야 뉘우칠 기회가 있고 모를 때 모르는 줄 알아야 알 기회가 있습니다. 모르는 주제에 모르는 줄도 모르면 해결 방법이 없어요. 이것을 '무지'라고 합니다.

하나님은 누가 만들었습니까

요즘은 자원봉사하시는 분들이 태워주는 승용차로 곳곳의 강연회를 다니지만, 예전에는 늘 대중교통 수단을 이용했어요. 하루는 부산 법회에 가려고 서울역에 앉아서 기차를 기다리는데 까만 양복에 넥타이를 매고 007가방 같은 것을 든 두 청년이 나타났어요. 처음에는 "안녕하세요?" 하고 인사를 해서 젊은 사람들이 인사성도 밝다 했지요. 그런데 갑자기 물었어요.

"선생님은 이 역전에 있는 물건을 누가 만들었다고 생각합니까?"

갑자기 뚱딴지같이 무슨 말인지 상황 파악이 안 되어서 대답을 안 했어요. 대답을 안 하고 있으니 다시 물었습니다.

"역 안에 있는 이것들 모두 누군가 만든 사람이 있겠지요?"

"아, 예. 누군가 만들었겠지요."

"그러면 이 세상은 누가 만들었겠습니까?"

정황 파악을 하지 못해서 제가 또 대답을 안 하니까 또 물었어요.

"이 역 안에 있는 그 어느 것도 누가 만들지 않은 것이 없는데 어떻게 이 세상을 만든 분이 없겠습니까?"

이렇게 말하는 겁니다. 그래서 제가 말했습니다.

"꼭 만들어야 합니까? 만든 것도 있겠고 저절로 된 것도 있겠고 본래부터 있던 것도 있겠고 여러 경우가 있겠지요."라고 상식적인 대답을 했어요.

"아니, 선생님! 이 역 안에 있는 전기가 저절로 있었습니까, 누가 만들었습니까? 이 기둥이 저절로 있었습니까, 누가 만들었습니까? 이런 것도 하나하나 다 만든 사람이 있는데 어떻게 이 삼라만상의 기기묘묘한 것들이 본래부터 저절로 있을 수가 있습니까? 다 만든 분이 있습니다. 누가 만들었겠습니까?"

이러는 거예요. 제가 대답 없이 가만히 있고 두 청년이 다그쳐 물으니까 구경거리 났다고 사람들이 모여들었어요. 보니까 이 세상을 누가 만들었느냐는 물음에 중이 입도 벙긋 못하고 궁지에 몰린 것이지요. 잠깐 있다가 제가 되물었어요.

"이 세상에 있는 그 어떤 것도 다 누가 만들어야 합니까? 본래부터 있거나 저절로 있었던 것은 없습니까?"

"당연하죠."

그런 건 없대요. 정말이냐 물었더니 정말이라는 거예요. 예외가 하나도 없느냐고 물었더니 예외가 없대요. 그래서 이번에는 제가 물었어요.

"이 세상은 누가 만들었습니까?"

"창조주 하나님께서 만드셨습니다."

"아! 그래요. 그 하나님은 누가 만들었습니까?"

"예?"

"그 하나님은 누가 만들었느냐고요."

"그분은 본래부터 계셨습니다."

"아니, 아까 본래부터 있었던 건 없다고 자기 입으로 말했잖아요. 하나님은 누가 만들었어요?"

이제는 그 사람이 대답을 못 하고 막혔어요. 그 청년은 이 세상은 하나님께서 만드셨다고 들어왔고 자기도 그렇게 믿고 사람들에게 이 세상을 누가 만들었느냐고 질문도 하고, 대답 못 하는 사람에게는 하나님이 만들었다고 가르쳐주기도 했을 겁니다. 그러나 누가 하나님을 만들었느냐는 질문은 받아본 적이 없겠죠. 그런 생각조차 해 본 적이 없었을 겁니다. 그러니까 하나님은 누가 만들었느냐고 내가 물었을 때 대답을 못 했어요. 그러다 기차 시간이 다 되었어요. 제가 짐을 들고 자리에서 일어나면서 다른 사람들에게 안 들리게 청년의 귀에다가 대고 이렇게 속삭였지요.

"자네가 만들었지?"

특정 종교를 거론하여 비방하려고 하는 이야기가 아닙니다. 인간의 '자기 생각에 사로잡힘'에 관해 살펴보자는 것입니다. 우리가 어떤 생각을 할 때는 그 관점에서만 생각하게 됩니다. 그러나 다른 관점에서 보면 전혀 다릅니다. 그런데 자기 생각, 자기 관점만 가지고 고집하면서 '나는 옳고 너는 그르다, 나는 알고 너는 모른다, 나는 좋고 너는 나쁘다.' 이렇게 주장하는 거예요.

모래로 밥하면

　언젠가 미국에서 열린 세계 불교인들의 회의에 참가한 적이 있었습니다. 그때 모인 사람들이 주로 대학에서 학생들을 대상으로 불교를 가르치는 불교학과 교수들이었어요. 불교를 가르치면서 어떤 점이 가장 어려운지 물어봤더니 우주 창조에 대한 이야기가 제일 어렵다고 하였습니다. 기독교인들은 이 세상을 하나님이 창조했다고 믿잖아요. 그 사람들이 불교에서는 이 세상이 어떻게 생겼다고 하느냐, 이 세상을 누가 창조했다고 보느냐고 물으면 자기가 아는 불교 상식 안에서는 그런 의문에 대한 답이 없다는 거예요. 이게 사고방식의 차이라는 것은 알겠는데 도대체 어떻게 설명해야 할지 방법을 모르겠다고 그래요. 그래서 저한테 한번 물어보시라고 했습니다.
　"이 세상은 누가 창조했습니까?"

그냥 침묵했더니

"침묵이 답입니까?"

그래서 제가 물었습니다.

"모래로 밥을 하면 몇 시간 만에 밥이 되겠습니까?"

"네?"

"모래로 밥을 하면 몇 시간 만에 밥이 됩니까?"

"밥이 안 됩니다."

"밥이 되나 안 되나 물은 게 아니에요. 밥이 몇 시간 만에 됩니까?"

"네?"

"몇 시간 만에 됩니까?"

"네. 알겠습니다."

'불교에서는 이 세상을 누가 창조했다고 합니까?'라는 질문을 받고 '모래로 밥을 하면 몇 시간 만에 됩니까?'라고 되물었을 때 현명한 사람은 바로 알아듣습니다. 한 시간, 열 시간, 백 시간 어떻게 답을 해도 답이 아닙니다. 애초에 질문이 잘못되었으니까요. 모르는 사람들은 그 말에 집착해서 몇 시간 만에 밥이 될까 끙끙거리지만 이걸 확연히 아는 사람은 질문에 구애받지 않고 "밥이 안 됩니다."라고 대답하겠지요. 밥이 되느냐 안 되느냐를 묻는 질문은 아니었지만 어떻게 해도 밥이 안 되기 때문에 몇 시간인지를 따지는 것은 의미가 없으니까요.

세상을 누가 창조했느냐는 질문도 그와 같습니다. 이렇게 물으면 대부분 '누구'에 대해 대답을 하려 듭니다. 그런데 이 질문 속에는 이 세상은 창조되었다는 게 전제되어 있습니다. 모래로 밥을 하면 몇 시간 만에 되겠냐는 질문 속에도 모래로 밥을 지을 수 있다는 게 전제되어 있어요. 그런데 그 전제는 잘못된 전제입니다. 누가 창조했느냐는 질문을 받고 '누구'에 빠지는 것은 창조되었다는 전제에 빠지는 것입니다. 이미 전제가 잘못된 질문인 것을 꿰뚫어보지 못하기 때문에 답을 찾느라 헤매게 되는 것입니다. 마치 모래로 밥을 하면 몇 시간 만에 되느냐는 질문을 받고 온갖 백과사전을 뒤지면서 몇 시간 만에 될까 연구하는 것과 같아요. 처음부터 연구할 필요가 없어요. 질문 자체가 잘못된 전제 위에 있기 때문이니까요. 이 세상을 누가 창조했느냐는 질문은 누군가가 세상을 창조했다는 데 전제를 두고 묻는 질문입니다. 세상을 창조했다는 아무런 근거가 없는데도 그것을 이미 무조건 전제해 놓고 출발하는 거예요. 그런 질문에 대답을 하지 않고 침묵하는 것은 몰라서 대답하지 않는 것이 아닙니다. 잠꼬대 같은 소리이기 때문에 대답할 필요가 없는 거예요. 특정 종교를 비판하는 이야기가 아닙니다. 우리 자신이 이렇게 잘못된 전제 위에서 출발하는 경우가 많다는 사실을 돌아봐야 한다는 뜻입니다.

남편이 술을 마셔서 못 살겠다고 하소연하는 부인의 생각에는 술을 마시면 안 된다는 전제가 깔려 있습니다. 그 전제 위에서 남편을 고치려 듭니다. 그런데 남편은 술을 마시면 안 된다는 전제를 받아들이지 않고 있습니다. 그러니 그런 전제 위에서는 3년이든 30년이든 아무리 기도를 해도 소원이 이루어지지 않습니다. 그런데 그 전제를 무너뜨려버리면 문제의 본질을 보게 됩니다.

"부처님, 우리 남편 술 많이 드시게 해주세요."

이렇게 기도하면 그 자리에서 해결됩니다. 30년 동안 기도해도 부처님이 안 들어주시더니 한 번 만에 싹 들어주셔서 문제가 사라집니다.

이렇게 잘못된 전제 위에 서서 계속 헤매기 때문에 아무리 노력해도 인생 문제가 해결되지 않습니다. 이 고정된 사고방식, 생각하는 관점을 바꾸어서 돌아봐야 합니다.

소똥은 신성한가, 더러운가

　　부처님께서 6년 동안 고행하셨던 인도 비하르 주^{Bihar 州} 보드가야 ^{Bodhgayā}의 전정각산^{前正覺山} 아래 두르가푸르^{Durgapur} 마을에서 20여 년 전에 있었던 일입니다. 두르가푸르 마을 사람들은 불가촉천민^{不可觸賤民}입니다. 주변 세 마을 인구 1,300명 중에 초등학교를 나온 사람은 당시에는 오직 두 사람뿐이었습니다. 물도 귀하고 음식도 불충분하고 입을 것도 없는 데다 병들어도 치료할 수 없는 가난한 사람들입니다. 하루 노동을 해도 일당이 우리 돈으로 1,000원 미만이었습니다.

　　이 마을에 학교를 짓고 병원을 세우기로 원을 세웠습니다. 마을 사람들이 땅을 내어 놓고 매일 30, 40명 정도 나와서 일을 했습니다. 땅을 파고 벽돌을 쌓고 콘크리트 기둥을 세우는 등, 저도 그들과 함께 살며 일했습니다. 그들이 사는 집은 흙집입니다. 창문이 없어 낮에도 방안은 깜깜하고 바닥에는 흙바닥이나 볏짚을 깔고 가축과 다름없이 잡니다.

어느 날 작업을 끝내고 흐르는 땀을 훔치며 숙소로 묵고 있는 집에 돌아왔는데 마당과 방바닥이 약간 푸른 빛을 띤 것 같고 이상한 냄새가 났어요. 자세히 보니 무엇인가로 페인트칠하듯이 마당과 방바닥에 칠을 해서 잘 말라 있었습니다. 집 주인에게 제가 물었습니다.

"이게 무엇입니까?"

"아! 예, 스님 오셨다고 집 안을 청소하고 신성하게 했습니다."

"그래요. 고맙습니다. 그런데 이게 대체 무엇입니까?"

"예. 소똥입니다."

"예? 소똥이라고요. 소똥으로 방바닥을 칠해요?"

"예. 여기서는 귀한 손님이 오시거나 푸자pooja, 힌두의 숭배의식를 할 때는 집안을 깨끗이 청소하고 소똥을 묽게 타서 온 집안을 칠합니다."

"뭐라고요? 소똥을 칠해서 귀한 손님을 영접한다고요? 그게 신성하게 꾸미는 거라고요? 더러운 소똥으로?"

"예? 소똥이 더럽다고요?"

"그럼 소똥이 더럽지, 깨끗하다는 말이오? 아무리 소가 신성하다 해도 이것은 똥이지 않습니까? 사람이 귀하다고 사람 똥이 귀한가요?"

"더럽다니? 그것이 어떻게 더러운가요. 이것은 우리가 음식을 해 먹을 때 쓰는 연료이고 불을 지피는 데 쓰는 불쏘시개이며 신에게 제사지낼 때 연기를 피우는 향인데요? 이것은 더러운 똥이 아닙니다."

"똥이 아니라니?"

"똥이라니? 거름이며 약이며 연료며 향인데."

"?······!"

자기 생각에 사로잡히면

산이 하나 있습니다. 이 동네 사는 사람은 이 산을 보고 동산東山이라고 부르고, 산 너머 다른 동네 사는 사람은 이 산을 보고 서산西山이라고 불러요. 두 마을 사람이 만나서 이 산이 동산인가, 아니면 서산인가? 밤새도록 논쟁을 해도 해결이 안 됩니다. 어느 한쪽이 거짓말하는 것도 아닌데 해결책이 안 나와요. 증거를 대어보자 해도 해결이 안 됩니다. 이 동네 사는 사람이 역사 기록을 보면 다 동산이라고 기록되어 있어요. 실제로 관찰해 봐도 산 쪽에서 해가 뜹니다. 마을 사람들한테 물어보아도 다 동산이라고 해요. 그렇다면 산 너머 있는 다른 동네 사람은 어떨까요? 거기도 역사 기록을 찾아보면 서산이라고 기록되어 있어요. 밖에 나가서 관찰해 보면 산 쪽으로 해가 집니다. 동네 사람들한테 물어보면 다 서산이라고 대답해요. 그러므로 다수결로도 역사적 기록으로도 실제 관찰 결과로도 해결할 수가 없어요.

그러나 두 사람이 자기가 사는 동네에서 모두 나와서 산을 보면 문제가 금방 해결됩니다. 동네에서 나와서 산을 보면 "어, 동산이 아니네." 혹은 "어, 서산이 아니네." 이 한마디로 문제가 끝나요. 우리는 바로 이런 동네에 살고 있는 사람과 같습니다. 자기의 경험, 자기의 신앙, 자기의 종교, 자기의 생각, 자기의 이념에 갇혀 있는 거예요. 이것을 불교에서는 아상我相 또는 아집我執이라고 부릅니다.

동산이냐 서산이냐를 두고 다투는 두 사람은 곧 아내와 남편, 불교와 기독교, 남과 북, 한국 사람과 일본 사람입니다. 여당과 야당, 진보와 보수, 고용자와 노동자, 경상도와 전라도예요. 각자는 온갖 이유를 대면서 자기가 옳은 것이 분명하다고 주장하지요. 자기들끼리 둘러앉아서는 "어떻게 동산을 두고 서산이라고 주장할 수 있지? 저 미친놈!"이라고 흥분합니다.

야당이 하는 말은 무조건 옳고 여당이 하는 말은 무조건 그르고, 불교인이 말하면 무조건 옳고 기독교인이 말하면 무조건 그르고, 한국 사람이 말하면 무조건 옳고 일본 사람이 말하면 무조건 그르고, 남쪽 사람이 말하면 무조건 옳고 북쪽 사람이 말하면 무조건 그르다며 싸우고 있어요. 부부 사이, 부모 자식 사이, 사장과 종업원 사이가 모두 이렇게 다른 관점에 서 있습니다. 그러니 이쪽에서 보면 저쪽이 말도 안 되는 소리를 하는 미친놈으로 보일 수밖에 없어요. 그런데 그 사람한테 가서 물어보면 이쪽 사람이 말도 안 되는 소리를 하고 있다고 생각합니다. 그래서 옛말에 '부엌에 가면 며느리 말이 옳고 안방에 가면 시어머니 말이 옳다.'라고 했지요. 그래서 태어나서부터 그 동네에 살면 동산 혹은 서산이라고 생각하는 것이 너무나도 당연해요.

우리는 우리끼리 앉아서 '독도는 우리 땅, 만주는 우리 땅, 안중근 의사는 애국자'라고 합니다. 일본 사람은 자기들끼리 앉아서 '다케시마는 우리 땅, 안중근은 테러리스트'라고 해요. 중국 사람들은 또 자기들끼리 앉아서 '만주는 우리 땅'이라고 합니다. 다수결로 해도 결론이 나지 않습니다. 역사의 기록으로 가리자고 해도 다들 자기 나름의 기록이 있어요. 온갖 걸 다 가져와도 설왕설래합니다.

그냥 그 동네에서 나와야 합니다. 그 동네에서 벗어나서 바라보면 동산도 아니고 서산도 아닙니다. 그것이 바로 옳은 것도 아니고 그른 것도 아니라는 말입니다. 시비를 초월한다는 것입니다.

부부 사이에 갈등이 있어서 아내나 남편이 이런저런 질문을 하는데 제가 여러분들 관점을 벗어나는 대답을 합니다. 그러면 여러분들은 스님은 결혼 생활을 안 해봐서 그렇다, 자식이 없어서 그렇다, 직장생활을 안 해봐서 그렇다고 생각해요. 그래서 제가 "그건 동산도 아니고 서산도 아니야." 이러면 지금까지 동산이니 서산이니 싸우던 두 사람이 이제는 한편이 됩니다. 동산이 틀림없이 옳긴 하지만 서산의 입장은 그래도 그럴지도 모른다고 이해되는 면도 있는데, 아예 동산도 아니고 서산도 아니라고 하면 그건 완전히 말도 안 되는 미친 소리로 들리지요.

이런 사로잡힘으로부터 벗어나야 합니다. 그러지 않는 이상 진위 논쟁은 의미가 없습니다. 거기에서는 내가 옳다고 밝혀졌는데도 상대는 늘 억울해 합니다. 이 동네 사람은 백 명이고 저 동네 사람은 열 명이어서 10대 1이니까 다수결로 결정했어요. 그런데도 저 동네 사람들은 승복하지 않습니다. 가슴에 묻어놓고 있다가 언젠가 기회를 봐서 다시 또 주장을 하지요. 힘으로 눌러버리면 시간이 좀 지난 뒤에 용수철처럼 더 세게 튀어나옵니다.

날마다 술 마시고 밤 열두 시에 들어오는 아버지가 밤 열 시에 들어온 아이더러 늦게 들어왔다고 야단치면 아이는 아무 대꾸도 없이 문을 쾅 닫고 자기 방으로 들어갑니다. 그러면 보통 부모는 "저놈의 자식, 대답도 안 하고 문이나 쾅 닫고……" 하고 화를 냅니다. 그런데 아이가 문을 쾅 닫는 것은 '너나 빨리 들어와라.' 이 뜻입니다. 만약 아버지나 엄마가 따라 들어와서 대답 제대로 안 한다고 잔소리할까 싶으면 문을 닫자마자 잠가 버리지요. '너나 잘해라.' 이런 뜻입니다. 그런데 만약에 아들이 아버지 보고 "아버지, 일찍 들어오세요." 그러면 아버지가 그 자리에서 바로 "너나 잘해, 이놈아." 하고 받아치겠지요. 그런데 자식은 아버지에게 자기 속대로 그렇게 말할 수가 없어서 그런 식으로 에둘러 표현하는 거예요.

제가 제자를 불러다가 잘못한 점을 지적하며 꾸중을 하면, 자신이 잘못했다고 받아들인 사람은 들어올 때 삼배하듯이 나갈 때도 삼배를 갖추어 하는데 받아들이지 못한 사람은 나갈 때 그냥 나갑니다. 그러면 제가 다시 불러서 이야기하지만 본인은 알아듣지 못합니다. 자기 생각에 사로잡혀 있으면 열 번의 기회를 줘도 안 들리고 안 보입니다. '왜 귀찮게 자꾸 부르나.' 이런 생각밖에 안 듭니다. 우리는 이렇게 다 자기 생각에 사로잡혀서 삽니다. 저도 마찬가지예요. 오십 보 백 보입니다. 이게 오늘 우리들입니다.

스승과 제자는 철천지원수

오래 전의 일입니다. 제가 서울 근교의 한 수행처에 있을 때 어떤 청년이 찾아왔어요. 오자마자 저한테 삼배를 하더니 "제가 스님의 제자가 되겠습니다." 이러는 거예요. 그래서 제가 "저는 당신이 누구인지도 모르는데 당신은 저를 어떻게 알고 스승으로 삼겠다는 겁니까?"라고 물으니 자기는 저를 잘 안다고 하였습니다. 얘기를 들어보니 내로라하는 큰스님들이 계시는 여러 사찰에서 행자 생활을 몇 개월씩 하다가 그만두고 나왔다고 했어요.

"제가 여러 군데 다녀 보니까 이게 소문과 다릅디다. 큰스님이라는 분들 곁에서 가만히 생활해 보니까 스승이 될 만한 사람이 없었습니다. 그러던 중 『실천적 불교사상』을 우연히 읽어 보았는데 스님께서 나의 스승이 될 만하다는 생각이 들었습니다. 그래서 물어물어 여기까지 왔으니 저를 꼭 제자로 받아 주십시오."

"여기까지 찾아온 것은 고마운 일이지만 저는 아직 남의 스승이 될 자격이 없습니다. 그렇지만 이곳까지 찾아왔으니 그냥 여기에서 도반으로 같이 삽시다."

"아이고, 스님. 어찌 그런 말씀을 하십니까? 저는 스승을 찾아 여기 왔지 그냥 도반으로 살려고 온 것이 아닙니다."

"예, 그 뜻은 알겠어요. 그런데 저는 당신의 스승이 될 자격이 없으니까 그냥 같이 살자는 겁니다."

"무슨 그런 겸손의 말씀이십니까? 스님같이 훌륭하신 분이 스승될 자격이 없다고 하면 누가 이 세상에 스승이 될 자격이 있겠습니까?"

"행자님, 스승과 제자가 된다는 것은 쉬운 일이 아닙니다."

"저도 알고 있습니다."

"불법이라는 것은 자기의 생각에 사로잡히는 그 아상을 깨뜨려야 해탈합니다. 스승은 제자의 그 아상을 깨뜨려서 제자를 깨우쳐 줄 수 있어야 해요. 그런데 그게 쉬운 일이 아닙니다. 잘못하다가 덧나면 철천지원수가 되기 쉽습니다. 나는 남을 깨우쳐 줄 능력도 없고, 서로 원수 되는 것도 싫으니 여기서 같이 사시든지 아니면 다른 스승을 찾아가 보십시오."

그렇게 말하면 할수록 '당신은 나의 스승이 될 만한 자격이 있다'라고 생각이 더 굳어져 막무가내로 고집을 피웠습니다. 공부를 한 사람은 여기서 바로 간파를 하겠지요. 제자가 되겠다는 것이 간절한 원이라기보다는 이미 자기의 상에 사로잡혀서 내려놓지 못하고 있는 과정이라는 것을 말입니다. '법륜 스님'을 존경하는 게 아니라 '자기가 만든 법륜 스님'에게 사로잡혀 있는 것이지요. 그래서 '진짜 법륜 스님'의 이야기는 귀에 안 들리고 눈에 안 보이는 겁니다. 그래서 제가 이렇게 말했어요.

"행자님이 그렇게 간절히 원하신다면 좋습니다. 내가 당신의 스승이 되겠소. 당신은 나의 제자가 되겠소?"

"예!"

"나의 제자가 되는 순간부터 당신은 자기 생각을 고집하면 안 됩니다. 어떤 경우에도 자기의 생각을 내려 놓아야 합니다. 내가 이야기하면 무조건 '예' 하고 받아들여야 합니다. 그렇게 할 수 있습니까?"

"예, 그렇게 하겠습니다! 제자로만 받아주신다면 마땅히 그렇게 해야지요."

"그러면 먼저 삼배로 제자의 예를 갖추시오. 삼배를 하고 나면 당신과 나는 스승과 제자요. 그러니까 스승의 본분이 뭐고 제자의 본분이 뭔지를 우리가 엄격하게 지켜야 수행이 됩니다. 만약 내가 스승의 본분을 지키지 않고 적당하게 타협을 하거나 당신이 제자의 본분에 서지 않고 스승을 우습게 알면 이 관계는 무효가 됩니다. 그러니 하려면 둘 다 똑바로 해 봅시다. 자칫하면 서로 원수가 되니까 제자를 두지 않으려고 했는데, 이왕 이렇게 되었으니 원수가 되더라도 할 수 없는 일이요."

"아이고 스님, 우리가 왜 원수가 됩니까? 저는 스님을 모시고 정말 공부를 하고 싶습니다."

그래서 삼배를 하는데 누가 봐도 간절한 마음으로 공손하게 삼배를 하는 거예요. 이제 스승과 제자 관계가 성립되었으니 제가 자세를 딱 바로 하고 불렀습니다.

"아무개야."

"예, 스님."

"문경에 가면 스님이 한 분 계신다. 그 스님에게 가서 그분을 나처럼 생각해 스승으로 모시고 3년을 수행 정진해라."

"예? 아니, 제가 스님을 스승으로 삼고 공부한다고 약속했지 언제 그 스님을 스승으로 삼고 공부한다고 약속했습니까?"

"아무개야, 네가 아까 삼배할 때 나를 스승으로 삼는다고 했지 않았느냐?"

"예. 스승으로 모신다고 약속했습니다."

"그러면 제자의 본분이 뭐라고 했느냐?"

"제자의 본분은 자기 생각을 내려놓고 스승의 말을 아무런 분별없이 받아들이는 겁니다."

"아무개야."

"예, 스님."

"문경에 가면 한 스님이 계신다. 지금부터 그 스님을 스승으로 모시고 3년 동안 정진을 하여라."

"스님 왜 또 그러십니까? 방금 스님이 저를 제자로 받아들인다고 약속하셨잖습니까? 그런데 왜 금방 약속을 어기십니까?"

그래서 제가 또 제자의 본분을 확인했어요. 제자는 스승이 하는 말을 무조건 믿고 따르고 받아들인다고 대답하였습니다. 그러면 문경에 계시는 한 스님에게 가서 수행 정진하라 그랬더니 그렇게 못 하겠다는 거예요.

"스님, 진짜 왜 그러십니까? 금방 저를 제자로 받아들인다고 하셔놓고 왜 그렇게 또 말을 자꾸 바꿉니까?"

"아무개야."

"예."

"내가 시키는 대로 하겠느냐, 안 하겠느냐?"

"하겠습니다."

"그럼 빨리 가거라."

"아니요, 스님. 저는 여기에 있겠습니다."

"안 가려면 집에 돌아가거라. 안 간다면 너는 내 말을 안 듣는 사람이기 때문에 나의 제자가 아니다. 그러니 빨리 결정을 해라. 가겠느냐, 안 가겠느냐?"

"안 가면 안 됩니까?"

"안 돼."

"알겠습니다. 가라면 가겠습니다."

"가거든 그 스님이 뭐라고 해도 그곳에 꼭 붙어있어야 한다. 어떤 경우라도 그곳에 있어야지 돌아오거나 가거나 마음대로 하면 안 된다. 알겠느냐?"

"예, 뭐 저는 거기 가도 잘살 겁니다. 이곳저곳 다 있어봤는데 거기 가서 사는 것쯤이야 어렵지 않습니다. 걱정하지 마십시오."

그렇게 해서 문경으로 갔는데 하루 지나서 다시 돌아왔어요. 왜 왔느냐고 물어보니 그 스님께 말씀을 드리니 자기는 제자가 필요 없으니 가라 해서 왔다는 겁니다.

"내가 뭐라고 하더냐? 가라고 해도 어떻게든 거기 있으라고 했지? 그런데 왜 왔느냐?"

"처음에는 가라고 그래도 있겠다고 버텼습니다. 그런데 그 스님이 오늘 아침 발우공양 시간에 이 건을 대중공사大衆公事에 딱 붙이더니 안 받는다고 결정을 내버렸어요. 스님도 아시지 않습니까? 대중공사에서 안 된다면 안 되잖아요. 그런데 제가 어떻게 거기 있습니까? 절 집안에 살려면 절 집안의 규칙을 지켜야지요. 그래서 돌아왔죠."

"아무개야."

"예."

"지금 돌아가거라."

"못 갑니다."

"지금 가거라."

"아뇨, 안 가겠습니다."

"안 가면 이것으로 스승과 제자의 인연은 끝이다. 인연을 지으려면 지금 문경으로 가고 아니면 여기서 인연이 끝나는 줄 알아라."

"스님, 정말 그렇게 생각하십니까?"

"그래."

"좋습니다! 스님만 스승인 줄 아세요? 스님 없어도 저 혼자 잘할 수 있습니다."

그래서 결과적으로는 철천지원수가 되고 말았습니다. 저는 애정을 갖고 나름대로 처음에 약속한 대로 인정에 매몰되지 않고 스승의 본분을 지키려고 기회를 몇 번씩 주었지만 그것은 제 생각일 따름이었습니다. 제자 입장에서 보면 자기는 진짜 제자가 되려고 그 수모를 겪고도 참고 끝까지 버텼는데 결국은 쫓아내더라고 하겠지요.

거꾸로 든 바가지

　남편이 하는 말, 아내가 하는 말, 부모가 하는 말, 자식이 하는 말을 알아듣는다고 하지만 정말로 알아듣는 것일까요? 뭐라 뭐라 하면 보통 "알았어요."라고 하지요. 그래도 계속 뭐라 하면 "알았다니까요." 하면서 언성이 살짝 높아집니다. 그래도 계속 뭐라고 하면 "알았다니까 왜 그래요!" 하면서 성을 냅니다. 알았다는 뜻이 아니라 듣기 싫다는 뜻입니다. 또 어떤 경우에는 "몰라요" 이렇게 대답하기도 합니다. 그래도 뭐라고 하면 "모른다니까요" 이러다가 계속 뭐라 하면 "아니, 모른다는데 왜 그래요!" 하고 화를 냅니다. 모른다는 이야기가 아니라 듣기 싫다는 이야기입니다. 정말로 모르면 한 번 더 물어봤겠지요. 그러니까 우리가 쓰는 '알았어요', '몰라요'라는 말은 실제로는 알거나 모른다는 말이 아닙니다. 듣기 싫다는 소리예요.

'듣기 싫다'에 사로잡혀 있으면 부처님이 오셔도 구제할 수가 없어요. 하늘에서 비가 내리는데 바가지를 들고 물을 받으면 바가지 크기에 따라 많이 받기도 하고 적게 받기도 하지요. 그런데 하루 종일 바가지를 들고 비 오는 데 서 있어도 옷만 다 젖지 물이라고는 한 방울도 못 받는 사람이 있어요. 바가지를 거꾸로 들고 있는 사람입니다. 이렇게 바가지를 거꾸로 들고 있는 사람이 '안다'병, '모른다'병에 걸린 사람입니다. '듣기 싫다'에 사로잡혀 있는 사람, 자기 생각에 사로잡혀 있는 사람이에요. 자기는 다 보고 듣는다고 착각하지만 아무것도 보이지 않고 들리지 않아요. 이것을 스스로 벗어나야 하는데 우리는 지금 여기에 다 갇혀 살고 있어요.

그런데 문제는 자기가 갇힌 줄 모른다는 데에 있습니다. 그래서 부처님이 이 세상에 오셔도 부처님을 알아볼 수가 없고 스승이 있다 한들 스승의 말을 들을 수 없습니다. 이것은 스승의 문제도 아니고 부처님의 문제도 아닙니다. 내 눈을 뜨지 않는 이상, 이 세상에 부처님이 수없이 와도 나를 구제할 수 없어요. 그러니 남 탓하지 말고 자기를 살펴 눈을 뜨는 것에 집중해야 합니다. 그러자면 다른 사람의 말을 귀담아들어야 하는데 그 귀담아듣는다는 것도 다 내 식대로 듣습니다. 이 내 식이라고 하는 것, 내 생각이라고 하는 것을 접을 수 있어야 들리기도 하고 보이기도 합니다.

제가 법문을 하면 신도님들이 들으면서 고개들을 끄덕끄덕해요. "아이고, 스님 말이 옳소." 이렇게 말하면 제 말을 듣고 이해하는 사람이고,

고개를 가로 저으면서 "에이, 아니에요." 하고 반응하면 제 말을 거부하고 듣지 않는 사람일까요? 그렇지 않습니다. 고개를 아래위로 끄덕이는 것은 제 의견이 자기 생각과 같다는 뜻이고 좌우로 흔드는 것은 제 의견이 자기 생각과는 다르다는 뜻이지요. 제 법문이 옳아서 동의하는 것이 아니라 자기 생각과 같아서 그러는 것입니다. '스님도 그렇게 생각하는구나. 저 스님이 좀 바른 생각을 할 줄 아네.' 이런 뜻이에요. 좌우로 흔들 때는 '저 스님 좀 보게. 내 생각과 다르네. 저렇게 생각하면 안 되는데.' 이런 뜻입니다. 저는 이런 것을 알기 때문에 여러분들이 동의해줘도 속지 않고 동의해 주지 않아도 거기에 속지 않습니다. 스님 훌륭하다고 칭찬해도 속지 않고, 막 욕해도 거기에 속지 않습니다. 속으면 저만 손해거든요. 훌륭하다고 칭찬하는 소리에 속아서 붕 떴다가 거품이 빠지고 나면 땅에 떨어져서 허리 부러지는 거예요. 비난한다고 거기에 속아서 밤새 잠도 못 자고 괴로워하면 그것도 저만 손해지요. 각자 다 자기 식으로 생각하며 사는 겁니다. 우리가 여기서 벗어나야 합니다. 그것이 수행이에요.

100명이 한 방에서 자면 그 100명이 다 다른 꿈을 꿉니다. 한 방 안에서 바로 옆에 누워 꿈을 꿔도 서로 같지 않습니다. 완전히 다른 세계에 삽니다. 그 꿈과 같은 것이 바로 자기 생각입니다. 자기 생각 속에 빠져 있다는 것은 완전히 서로 다른 세계에 들어가서 살고 있다는 뜻이에요. 한 공간에 있어도 전혀 다른 차원, 다른 세계에 살아요. 부부도 그렇습니다. 같이 살아도 외롭고 답답하고 괴롭습니다. 서로 통하지 않으니까요. 그래서 '군중 속의 고독'이라고 합니다. 이렇게 사람이 부대끼는 속에 살고 층층으로 위, 아래, 옆 할 것 없이 사람이 있어도 외로워요. 우리가 자기 생각 속에 갇혀 있기 때문입니다. 여기서 벗어나야 자유로워지고 세상을 있는 그대로 볼 수 있습니다.

진짜 아닐 때 '예' 하는 마음

앞서 이야기한 행자를 우리 중 누구도 비난할 수 없습니다. 저 자신부터도 그런 수준에 있어요. 제 스승이 보시면 제가 딱 그런 수준일 겁니다. 제 스승께서 제게 백 번 이야기해도 듣지 않고 자기 식대로 하겠지요. 그러니 거기서 깨치면 좋지만, 설령 깨치기까지는 못하더라도 자신이 이런 존재라는 것은 알아야 해요. 무조건 '예' 하겠다고 하지만 사실은 '예' 하지 않는 자기를 알아차려야 합니다. 이런 존재인 줄 알면 다른 사람이 내 말을 안 듣는다고 화내고 괴로워할 필요가 없습니다. 그것이 중생의 모습이니까요. 누구 말을 듣고 했다, 누가 소개해줘서 믿고 투자했다가 사기 당했다, 이런 말은 모두 사실이 아니에요. 다 순간순간 자기가 판단해서 하는 겁니다. 비위에 맞으면 고개를 아래위로 끄덕이고 비위에 맞지 않으면 고개를 가로젓습니다.

깨달으려면 이렇게 "아니오" 하려고 할 때 한번 팍 뒤집어서 "예"라고 해버려야 합니다. "예" 하는 마음이 저절로 들 때 "예" 하는 것은 아무런 의미가 없어요. "절대로 저것은 아니야." 이 생각이 딱 들 때 공부하는 사람은 한번 확 뒤집어서 "예"라고 해버려야 해요. 그런데 이것이 천 번의 기회가 와도 한 번 하기 힘듭니다.

이제부터 연습해 보세요. 오늘부터 남편이 하는 말, 아내가 하는 말, 자식이 하는 말, 부모가 하는 말을 듣다가 '다른 것은 몰라도 저것은 진짜 아니다.' 이런 생각이 들 때 한번 "예" 해 보세요. 그러면 하늘이 무너지고 세상이 망할 것 같지만 한번 해 보면 아무 일도 없고 도리어 눈이 트입니다. 이것이 백척간두百尺竿頭 진일보進一步입니다. 한 발 나가면 나가떨어져 죽을 것 같아 이것만큼은 절대 안 된다, 도저히 여기까지밖에 안 되겠다 할 때 발을 딱 내디뎌버려야 합니다. 돌이킴, 이것이 중요합니다. 연습 삼아 한번 해 보세요. '까짓것, 죽을 때 죽더라도 한번 해 보자.' 이렇게 덤벼보세요. 할까 말까, 할 만하겠다, 이런 것은 하나마나 입니다.

공부는 그렇게 해야 해요. 세상사를 두고는 이렇게 하면 좋을까 저렇게 하면 좋을까 이 생각 저 생각도 하고 남과 의논도 하지만 공부 차원에서는 이런 알음알이가 딱 끊어져야 합니다. 수행이 뭐 어떻다느니, 누구는 수행이 잘 되었느니, 누구는 수행이 안 되었느니 그런 이야기할 필요가 없습니다. 깨달음의 공부는 주고받는 게 아니에요. 군대식 상명하복上命下服도 아닙니다.

'왜 자기를 버려야 자기의 주인이 된다고 할까? 왜 우리는 이렇게 자기를 움켜쥐고 있는데 자기의 주인이 되지 못할까?' 불법을 이렇게 관념의 문제로 보면 안 됩니다. 불법을 능력의 문제로 봐도 안 됩니다. 물론 그렇다고 관념이나 능력이 필요 없다는 이야기는 아닙니다. 그러나 해탈, 열반이 부르는 참자유의 세계는 그런 것으로 도달할 수 있는 세계가 아닙니다.

관념의 세계 안에서 나타나는 모순들을 뛰어넘어야 합니다. 선문답은 이런 모순을 제기하는 거예요. 스승이 뭐라고 질문을 딱 했을 때 제자가 입을 열어도 주장자拄杖子로 30방을 때리고 가만히 있어도 30방을 때립니다. 질문을 받았으니 답은 해야 하는데 입만 벙긋하면 30방 맞으니 이게 모순이지요.

이런 걸 '천 길 낭떠러지에 간신히 나뭇가지를 입으로 물고 버티고 있는 사람에게 질문을 던지는 비유'를 들어 설명하기도 합니다. 입을 벙긋하면 떨어져 죽지만 입을 다물고 있으면 도를 얻지 못합니다. 여기에는 죽음을 뛰어넘어야 한다는 뜻도 있지만 그 죽음은 어떤 육체적인 죽음을 말하는 것이 아닙니다.

생각의 사로잡힘에서 벗어나는 것, 이것이 절벽에 이르렀을 때 한 발을 더 내디뎌 새로운 세계로 나아가는 '백척간두 진일보'입니다. 앞을 가로막는 관문을 차고 나가야 삶이 자유로워집니다. 이렇게 되면 비록 경계에 부딪혀 순간순간 마음이 흔들려도 흔들리는 자기를 알아차리고 있기 때문에 금방 제자리로 돌아오게 됩니다. 그런 차원에서 생사의 두

려움을 뛰어넘는다는 표현을 씁니다. 생사라는 것 역시 모두 우리들의
관념이기 때문입니다.

자
기
를 돌
아
보
라

내가 이상에 사로잡히는 존재임을 인정하고
항상 자신을 점검해야 합니다.
거기서 깨어나지는 못하더라도 최소한 고집하지는 말아야 합니다.
그러면 눈은 못 떠도
세상이 어둡다고 불 밝히라며 고함지르지는 않습니다.
어둡기는 어둡지만 이것이 정말로 불이 없어 어두운지
내가 지금 눈을 감아서 어두운지 구분할 줄은 알아야 합니다.
사람들이 불을 밝혔다고 하는데도 여전히 앞이 어두울 때는
불 밝히라고 고함지르며 화를 내는 대신
내가 눈을 감았는지도 모르겠다고
돌아볼 수 있어야 합니다.
그래야 그 다음 단계인 눈 뜨는 단계로 갈 수 있어요.

보덕각시 이야기

　내금강內金剛에는 보덕암寶德庵, 또는 보덕굴이라 불리는 암자가 하나 있습니다. 깎아지른 절벽에 구리 기둥을 박고 그 위에 널빤지를 깔고 쇠사슬을 동여매어 암자를 지었고 그 안쪽으로 작은 굴이 있다고 합니다. 보덕암은 신라의 5교 9산 중 첫 번째로 꼽히는 열반종涅槃宗을 창시하신 보덕화상普德和尙과 관련된 곳입니다. 고구려 말엽에는 불교를 탄압해서 많은 스님들이 주변 국가로 몸을 피해야 했는데, 유명한 스님이었던 보덕화상도 백제로 피난을 내려왔습니다. 이 분의 후신으로 500년 후 고려 중엽에 태어나신 회정懷正 스님에 대한 이야기를 해보겠습니다.

　회정 스님은 어려서 출가해 금강산 장안사長安寺의 말사인 송라암松蘿庵에서 아주 부지런히 정진했지만 깨달음을 얻지 못했어요. 관음 신앙을 갖고 있었지만 아직 관음의 진신을 친견하지 못했지요. 그래서 관음의 진신을 친견하려고 지극정성으로 천일기도를 드렸습니다. 관음기도 방법에는 여러 가지가 있습니다. 관세음보살을 염불할 수도 있고, 관세음보살의 대비주大悲呪인 대다라니大陀羅尼를 염송할 수도 있고, 옴마니반메훔을 염송할 수도 있습니다. 회정 스님은 대비주를 염송하되 1,000일 동안 30만 독을 하기로 작정했습니다. 30만 번을 독송하려면 1,000일 동안 하루에 300독, 하루 15시간은 염불해야 합니다. 새벽부터 일어나서 잠자는 시간과 밥 먹는 시간을 빼고는 종일 염불만 해야 합니다. 그렇게 일념으로 정성을 다해 대비주를 염송했습니다. 1,000일이 다 되어가던 어느 날, 염송을 하는 중에 꿈인지 생신지도 모르는 중에 흰옷을 입은 귀부인이 나타났어요.

"네 마음이 이렇게 간절하니 관음의 진신을 친견할 길을 가르쳐 주겠다. 방산方山 서래곡에 가면 몰골옹沒骨翁이라는 노인이 있고, 또 해명방解明方이라고 하는 노인과 그 딸이 있다. 그곳을 찾아가면 관음의 진신을 친견할 수 있으리라."

정신을 차려보니 귀부인은 온데간데없고 염불하다 깜박 졸았나 싶었어요. 그래도 보고 들은 내용이 너무나 선명했기에 당장 바랑을 둘러메고 꿈 속의 귀부인이 일러준 곳을 찾아 나섰습니다. 천일기도한 보람이 있어서 이제는 관음의 진신을 친견할 수 있나 보다 싶어서 뛸 듯이 기뻤습니다. 그런데 서래곡이 어딘지 그 근처 사람들도 잘 몰라요. 그러다 사람이 살지 않는 첩첩산중인데 거기 들어가 뭘 먹고 살 작정이냐고 말리는 사람을 만났어요. 회정 스님이 걱정하지 마시라며 간곡히 물었더니 그제서야 비로소 그 사람은 길을 알려주었습니다. 직접 가 본 사람은 없지만 저 쪽 골짜기로 들어가 수십 리를 가면 서래곡이라는 골짜기가 있다는 겁니다.

그래서 종일 개울을 건너고 산을 오르고 계곡을 탄 끝에 해가 뉘엿할 즈음 조그마한 초막을 발견했어요. 가까이 가서 보니까 꾀죄죄하기 짝이 없는 노인이 한 분 살고 있었습니다. 옷에 땟국물이 줄줄 흐르고 감지 않은 머리 하며 콧물까지 흘리는 몰골을 보니 영락없는 몰골옹이었어요. 물어보니 과연 그렇다 하여 찾아온 사연을 이야기하고 해명방 노인을 찾아가는 길을 알려달라고 하였습니다. 오늘은 늦었으니 하룻밤 자고 가라면서 도토리로 쑨 묵을 내어주는데, 그걸 만진 사람 꼴을 보면 도저히 못 먹겠지만, 시장이 반찬이라고 하도 배가 고프니까 받아먹었어요. 다음 날 아침에 몰골옹은 해명방 노인을 찾아가는 길을 알려주었습니다.

"네놈이 할 수 있을지는 모르겠지만, 그 늙은이 성질머리가 괴팍하니 잘 견뎌보거라."

"걱정 마십시오. 죽음도 무릅쓸 각오를 하고 왔습니다!"

큰소리를 치고는 노인이 시킨 대로 계곡을 다시 타고 올라가서 고개를 하나 넘어 다음 계곡으로 찾아갔어요. 경치에 취해서 한참을 가다 보니 절벽 위에 자그마한 초막이 하나 있었어요. 이번에도 꾀죄죄한 영감이 나오겠거니 생각하고 "계십니까?" 하고 불러보았는데 웬걸, 꽃같이 어여쁜 아가씨가 나오는 겁니다. 출가한 뒤 여자라고는 구경도 못 하고 살다가 아무도 없는 첩첩산중에서 아리따운 처녀와 마주치니 얼마나 놀랐겠어요? 두근 반 세근 반 뛰는 가슴을 진정시키면서 해명방 노인을 찾아왔다 하니까 제대로 왔다는 거예요. 그분이 자기 아버지인데 지금 나무하러 가셨으니까 조금 기다리라고 하였습니다.

종일 헉헉대며 올라오느라 목이 마른 것을 처녀가 알아차리고 바가지에 물을 떠주면서 어떻게 오셨냐고 물었습니다. 찾아온 사연을 간단히 이야기했더니 밖에 있지 말고 집안에 들어와서 기다리시라는 겁니다. 남녀칠세부동석이 엄격하던 옛날, 그것도 승려가 깊은 산중에 처녀 혼자 있는 집에 들어가기가 망설여졌지만 자꾸 권하니까 어쩔 수 없이 따라 들어가게 되었어요. 앉아서 대화를 나누는데 처녀가 조언을 하나 해 주었습니다. 우리 아버지는 성격이 괴팍하고 화가 많으신 분이니 관음의 진신을 친견하려면 아무리 어려운 고난을 당하더라도 도망가지 말고 그 성미를 참고 이겨내야 한다는 거예요. 이야기를 나누고 있는데 바깥에서 쿵 소리가 나서 나가보니 영감이 돌아왔어요. 지게 짐을 벗어놓고 들어오다가 스님을 보자마자 냅다 고함을 질렀어요.

"웬 놈이 처녀 혼자 있는 집에 들어와 수작질이냐? 이 도둑놈!"

그러면서 대꾸할 틈도 주지 않고 작대기로 머리통을 사정없이 때렸어요. 아니라고 변명하려 들면 더 두들겨 패는 거예요. 그래도 물러설 수 없지요. 관음의 진신을 친견하러 천일기도를 올리고 여기까지 왔으니까 제발 길을 알려달라고 매달려서 손이 발이 되도록 빌었어요. 그랬더니 영감이 더 화를 냈어요.

"어디 관음의 진신을 친견한다면서 천일기도야, 만일기도해도 친견할까 말까인데!"

"여기 있게만 해주십시오. 죽어라 하시면 죽을 각오로 시키시는 건 뭐든지 하겠습니다. 쫓아내지만 말아 주십시오."

"그래? 정말로 시키는 대로 다 할 테냐?"

"예, 예. 뭐든지 죽을 힘을 다해서 하겠습니다."

"그럼 일어나라."

언제 때렸느냐는 듯이 안으로 불러들이더니 영감은 대뜸 자기 딸하고 결혼하라는 겁니다. 말을 들으니 기가 막혔어요. 어릴 때 출가해 관음의 진신을 친견하겠다는 일념으로 20여 년을 수행 정진만 해왔는데 하루아침에 파계破戒하고 속인이 되는 것이니 받아들여지겠어요?

"아이고 어르신, 그것만 빼고 딴 건 뭐든지 다하겠습니다."

"네 이놈, 방금 시키면 뭐든지 죽을 힘을 다 하겠다 해놓고 내 딸한테 장가들라니 못 하겠다는 건 무슨 소리냐? 그게 죽기보다 어려우냐? 내 딸이 어디가 못생겨서 그러느냐, 이놈!"

그러면서 또 두들겨 패기 시작하는 겁니다. 20년이나 수행 정진했는데 지금 장가가버리면 어떡하느냐고, 그것만 빼고 뭐든지 다 하겠다고 빌어도 거짓말쟁이가 헛소리한다고 안 믿었습니다. 그렇게 스님은 빌고 영감은 때리고 있는데, 옆에서 처녀가 승낙하라고 몰래 눈짓을 보냈어요. 자기가 생각해도 이러다 맞아 죽거나 쫓겨나 버리면 관음의 진신을 친견할 수 없겠다 싶어 어쩔 수 없이 승낙했어요.

"알았습니다. 결혼하겠습니다."

그러니까 영감이 또 언제 그랬냐는 듯이 멍석을 깔아라, 물을 떠와라 하고는 물그릇 양쪽으로 둘을 마주 세워 맞절을 시켰어요. "너희 둘은 이제 부부다." 이렇게 선언해서 혼례를 끝내버리더니 신방에 들어가서 자라는 겁니다. 방에 들어와서야 정신이 들어서 처녀의 이름을 물어보니 아버지가 '보덕'이라고 지어줘서 사람들이 보덕각시라고 부른대요.

생각해보니 기도 안 차요. 20년간 수행 정진해 온 것이 하루아침에 날아가 버렸잖아요. 도깨비한테 홀린 것 같아 한숨을 푹 쉬고 있자니 보덕각시가 살갑게 말을 붙입니다.

"이미 엎질러진 물을 어쩌겠어요? 마음 편히 하고 주무세요."

생각해 보니까 그 말이 맞아요. 요즘 세상이라면 아이까지 낳아도 안 살면 그만이지만 옛날에는 부모가 말로만 혼인을 약속해도 자기 짝이라고 죽어라 찾아가던 시대였습니다. '에라, 모르겠다.' 자포자기하고는 각시와 한이불을 덮고 누웠어요.

조금 전까지는 파계한 것이 너무나도 아까웠는데 각시랑 누워 있는 지금은 어차피 엎지른 물이라 생각하니까 나란히 누운 부인에게 슬금슬금 마음이 동하는 거예요. 손을 슬그머니 움직여서 보덕각시의 손을 딱 쥐었더니 보덕각시가 손을 살그머니 빼버렸어요. 잡으면 빼고 잡으면 빼기를 몇 차례 반복하다 보니 몸이 점점 달아올라서 이제는 손을 억지로 쥐고 놓아주질 않았어요. 그다음은 가슴을 건드렸는데 자꾸 피하니까 이번에도 억지로 안았습니다. 손이 가슴에서 배꼽을 거쳐 자꾸자꾸 내려가면서 흥분도 더해져 이제는 각시가 말릴 수 없는 지경이 되었어요. 그런데 흥분한 손길이 사타구니에 닿았을 때 아뿔싸, 새신랑이 벌떡 일어나버렸습니다. 각시가 여성의 생식기를 갖추지 못한 고녀鼓女였던 겁니다.

'여자구실을 못 하는 여자니까 이 영감이 나한테 강제로 시집을 보냈구나. 보자마자 두들겨서 혼을 빼놓은 이유가 있었어.'

괘씸하기 이를 데가 없는 거예요. 파계는 파계대로 하고, 어차피 파계했으면 재미나게 살아보기라도 해야 할 텐데 그러지도 못하게 되었어요. 엎어진 데 자빠진 격이 되어버린 거지요. 실망하고 화가 나서 한숨을 쉬고 있으니 부인이 일어나서 조용히 말했습니다.

"여보, 오히려 잘되지 않았소? 아까 그렇게 파계하지 않으려고 발버둥을 쳤잖아요?"

이치에 맞는 말인데도 귀에 들어오기는커녕 말 같지도 않은 변명으로만 들렸어요. 그렇지만 부인의 아름다운 모습과 꾀꼬리 같은 목소리에 결국은 마음이 조금 누그러졌어요. 어차피 이리 된 걸 어쩌겠어요? 이제는 수행도 포기하고 아내도 포기하고 오직 관음의 진신을 친견하겠다는 한 가지 목적으로 살겠다 결심했어요.

이튿날부터는 영감이 중노동을 시켰습니다. 아침부터 산꼭대기로 올라가서 나무를 해오고, 다음 날에는 그 나무를 다시 50리나 떨어진 장에 가서 팔아 양식으로 바꿔와야 했어요. 이젠 승려도 아니고, 결혼은 했지만 마누라는 그림의 떡이고, 이건 완전 머슴살이예요. 시간이 흐를수록 처음 목적은 온데간데없고 불평불만만 늘어났습니다. 관음의 진신은 언제 친견하느냐고 물어보면 작대기가 날아왔어요. 만일기도를 해도 친견을 못 하는데 며칠 됐다고 그러느냐며 야단을 들으면서 두들겨 맞았어요.

처음에는 1년까지만 기다려보자 결심하고 버텼어요. 1년 뒤 말을 꺼냈더니 만일기도 한 사람도 친견 못 하는데 겨우 3년 기도하고 1년 일한 걸로는 턱도 없대요. 한편으로는 부인이 참 따뜻하게 잘 대해주니까 1년만 더 견뎌보자고 다시 결심했어요. 1년을 더 견디고 이야기를 꺼냈다가 또 두들겨 맞았어요. 화가 머리끝까지 나서 정말로 가버리려고 하면 부인이 살살 달래며 좋은 말을 해주니까 또 마음이 슬쩍 누그러졌어요.

'기도도 3년은 하지 않았나? 어차피 버린 몸이니 3년까지만 참아보자.' 이렇게 이를 악물고 1년을 더 견뎠어요.

그렇게 3년이 지났습니다. 그래도 친견의 기회는 없었어요. 참다못해 이제는 마누라가 아무리 부드럽게 어르고 달래도 참지 않으리라 결심했어요.

"도저히 안 되겠습니다. 저는 이제 내려가겠습니다."

그러니까 예전 같으면 두들겨 패거나 공부 더 하라고 호통칠 영감이 아무렇지도 않게 가라는 거예요. 그 동안 그렇게 자상하게 보살펴주던 부인 역시 아무렇지도 않게 잘 가시라고 인사를 해요. 안 잡으면 좋아해야 할 텐데, 그래도 3년을 한 이불 밑에 살면서 정이 든 사이에 이럴 수가 있나 싶어서 섭섭하기가 이를 데 없었어요. 내려오면서도 자기는 미련이 남아 뒤를 돌아보고 또 돌아보는데 정작 영감과 부인은 한 번 봐주지도 않아요.

터덜터덜 3년 전에 왔던 길로 되돌아가 몰골옹을 다시 만났어요. 관음의 진신을 친견했냐 묻는 영감에게 관음의 진신이고 뭐고 내내 두들겨 맞으면서 머슴살이만 하고 파계만 하게 되었다고 불평을 늘어놓았습니다. 그러자 몰골옹이 주장자로 머리통을 탁 때리면서 이러는 겁니다.

"이 멍청한 놈아! 관음의 진신과 3년이나 한이불 밑에서 살았으면서도 관세음보살을 못 알아보았느냐!"

얼마나 놀랐겠어요? 그럼 그 노인은 누구였냐고 물으니 보현보살이래요.

"그럼 당신은 누구십니까?"

"나는 문수보살이다."

이러더니 간데없이 사라져 버렸어요. 얼른 자기가 살던 곳으로 쫓아 올라갔지만 집은커녕 아무 흔적도 없었어요. 몰골옹의 집으로 돌아왔지만 거기도 아무런 흔적 없이 모두 사라진 뒤였지요.

송라암으로 돌아오니 자신의 어리석음이 그렇게 후회스러울 수가 없었어요. 성인을 곁에 두고도 알아보지 못하고 그저 자기 생각에만 사로잡혀서 살았잖아요. 그래서 참회기도를 올렸습니다.

'관음의 진신을 친견하겠다는 망상은 이제 버리겠습니다. 제가 눈이 어둡고 어리석었습니다.'

지극하게 3년 참회기도를 했더니 3년 기도가 끝날 즈음 꿈속의 귀부인이 다시 나타나 야단을 쳤습니다.

"이 어리석은 놈아, 관음의 진신과 3년이나 살고도 관음의 진신을 알아보지 못하다니 바보가 아니냐."

야단맞아도 할 말이 없었지요. 귀부인은 한참 야단을 치더니

"그래도 네가 뉘우치고 있으니까 다시 거기를 가보아라." 이렇게 일러주고 사라졌어요.

이제는 나무토막을 놓고 관음의 진신이라고 해도 믿겠다는 마음으로 다시 옛 집터를 찾아가서는 추억을 되새기다 문득 아래쪽 냇가를 보니 부인이 빨래하는 모습이 보였어요. 반가운 마음에 부인을 부르면서 한달음에 쫓아 내려갔지요. 내려가 보니 부인은 흔적도 없고 아주 아름다운 새 한 마리가 훨훨 날아갔습니다. 이 새를 관음조라고 해요. 새를 쫓아서 다시 또 계곡을 타고 올라가는데 어느 순간 새도 없어져버렸어요. 어찌할 바를 몰라 서 있는데 발아래 웅덩이에 부인의 그림자가 어려 비쳤습니다. 비친 모습을 찾아 돌아보니 높은 절벽 위 웬 동굴 입구에 부인이 보였어요.

칡넝쿨을 타고 끙끙대며 기어 올라가니 보덕각시가 반가이 맞아주며 회정 스님이 500년 전 보덕 화상의 후신이며 이 자리가 보덕 화상이 관음기도를 올리며 수행했던 곳이라고 설명해 주었습니다.

"나는 언제나 이 동굴에 있다가 인연이 있는 자가 찾아오면 그 인연을 따라서 몸을 나타내어 보일 것입니다. 그러니 스님께서는 앞으로도

지성으로 정진하십시오."

이렇게 이르고 관세음보살의 진신은 홀연히 사라졌습니다. 정신을 차리고 동굴 안을 살펴보니 과연 관세음보살상이 하나 있는데 그 상의 얼굴이 자기가 3년 동안 함께 살았던 부인의 얼굴과 똑같았습니다. 주변에는 향로며 촛대도 있고 『관세음보살보문품觀世音菩薩普門品』이며 『열반경涅槃經』이며 『법화경法華經』이며 『금강경金剛經』 등 경전들도 다 있었어요. 이곳에서 보덕 화상이 관음기도를 올리며 수행했다는 기록도 있었지요. 이후 회정 스님은 보덕굴 위에 초암을 짓고 용맹정진하여 크게 깨닫고는 내려와 강화 보문사普門寺와 정수사淨水寺를 창건하는 등 고려 땅에 관음 신앙을 크게 일으켰다고 해요. 이것이 보덕각시 이야기입니다.

이제 한번 살펴봅시다. 회정 스님은 관세음보살을 친견하려고 꼬박 3년을 지극정성으로 기도했어요. 그리고 노인을 찾아가서는 무슨 일을 시키든지 여기에 있게만 해준다면 죽을 각오로 하겠다고 약속을 했지요. 그런데 막상 "내 딸과 결혼하라" 그러니까 "그것만 빼고 말씀해주십시오" 이렇게 되었어요.

이게 다 자기 생각입니다. 자기 생각에 옳은 것은 죽음도 두려워하지 않지만 자기 생각에 틀린 것은 부처님 말씀도 듣지 않습니다. 이게 아상입니다. 마음이 한순간에 사로잡힐 때 벗어나야 하는데 자기 마음의 변화를 살피지 못하는 것이지요. 우리는 자기를 버린다고, 자기 생각을 내려놓는다고 하지만 천 번이면 천 번, 만 번이면 만 번 다 자기를 고집합니다. 어떤 때는 자기를 내려놓는다는 것까지도 자기를 고집하는 경우가 있습니다. 자기가 자기를 고집할 때 자기가 자기를 고집하는 줄 알아야 내려놓을 수 있는데 자기가 자기를 고집할 때 자기가 자기를 고집하는 줄도 모릅니다.

자기를 비운다, 이상을 꺾는다는 것은 자기 생각과 다를 때 탁 내려놓고 "네!" 하는 것입니다. 그런데 우리는 그게 되지 않아 결국 자기 업에 따라서 삽니다. 그렇기 때문에 부처님이 이 세상에 아무리 많이 오신다고 해도 내가 부처님을 도무지 알아보지 못합니다. 아무리 훌륭한 스승이 있어도 알아볼 수가 없어요. 마치 눈을 감은 자가 세상이 어둡다고 탓하는 것과 같습니다. 등불을 아무리 켜놓아도 장님에게는 세상이 어둡습니다. 그러니 자기가 눈 뜨는 게 중요합니다. 불을 밝히는 것이 아니라 눈 뜨는 것이 중요해요. 눈을 뜬다, 잠에서 깬다, 이게 깨달음입니다. 다른 말로 하면 자신에게 사로잡힌 상태에서 벗어나야 합니다. 이상에서 벗어나야만 부처님이 보여요.

회정 스님에게는 깨달을 기회가 여러 번 있었습니다. 첫 번째, 관음의 진신을 친견할 수 있다면 어떤 고난이 오더라도 참고 견디겠다, 말을 따르겠다 약속했는데 막상 결혼하라 하니까 20년 동안 승려 생활을 했는데 어떻게 그러냐며 그것만 빼고 다 하겠다고 했을 때입니다. 계속 자기 생각에만 빠져 있는 거예요. 그러니까 이 노인네가 계속 터무니없는 요구를 하는 것으로 보이지요. 자기의 모순을 보지 못하는 겁니다. 이때 자기가 자기에게 사로잡혀 고집하고 있는 것을 알아차리고 놓아버렸다면 어땠을까요? 바로 눈을 뜨는 것과 같이 단박에 깨달았을 텐데 그 기회가 몇 번이나 거듭되어도 보질 못했어요. 또 파계하면 안 된다고 그렇게 매달려놓고 막상 결혼을 하니까 금방 또 놓아버려요. 그러고는 보덕 각시가 고녀니까 또 실망하죠. 이제는 '결혼했다' 하는 생각에 사로잡히니까 부인이 고녀라는 사실에 실망하는 거예요. 있게만 해주면 뭐든지 하겠다고 했으니 결혼하든 뭐하든 상관이 없어야 합니다. "결혼해라" 그러면 "아이고, 잘 됐다. 여기 있을 수도 있고 결혼까지 하니 잘됐네." 이렇게 기꺼이 받아들여야 할 텐데 그것만은 안 된다고 매달립니다. 또 20년간 계를 지켰는데 어떻게 깨냐고 막 매달렸으니 부인이 고녀라면 벌떡 일어나서 좋아할 일입니다. 여기 남아 있으면서 결혼도 하고 계도 지킬 수 있게 되었잖아요. 이렇게 일거양득一擧兩得인데 정작 본인은 모두 잃었다고 생각해요. 계도 못 지켰고, 파계했으면 부부생활이라도 해야 하는데 부부생활도 못 하고, 결혼했으면 애라도 낳아야 하는데 애도 못 낳고 이렇게 되었습니다. 이것이 우리가 한 생각에 사로잡혔을 때 벌어지는 일입니다.

강 한쪽에만 뗏목이 붙어 있으면 흘러가지 못합니다. 그래서 확 밀어버리면 또 저쪽 가에 가서 딱 붙어버려요. 이걸 양극단이라고 합니다. 생각이 늘 이쪽 극단 아니면 저쪽 극단에 치우치는 겁니다.

결혼해서 살다가 남편이 마음에 안 들어서 '이혼해버릴까?' 하고 생각하는 사람들 많지요? 그런데 남편이 어떤 여자와 바람피웠다고 하면 잘됐다고 기뻐할 사람이 없습니다. 당장 달려가서 내 남자 내놓으라고 죽기살기로 싸워요. 그래서 남자가 돌아오면 "네가 어디서 바람을 피워?" 이러고 또 내쫓습니다. 내쫓아서 남편이 가 버리면 또 쫓아가서 잡아당겨요. 이렇게 우리는 늘 모순 속에 살지만 그걸 보지 못합니다. 안으로 봐야 이게 보이는데 밖을 보기 때문에 절대로 안 보여요.

결국은 자기 생각

　남편이 이러저러해서 힘들다며 한 부인이 상담을 요청해 왔습니다. 제가 그런 남자랑 살 필요 뭐 있느냐며 이혼하라 했더니 이혼하면 애들은 어쩌느냐고 해요. 남편이 키우면 되지 않느냐 했더니 어려서 못 보낸답니다. 그럼 데려가서 살라 했더니 자기 혼자도 어려운데 애를 어떻게 데려가서 키우느냐는 거예요. 그러면서 자기 마음은 이미 다 갈라섰지만 애 때문에 힘들다는 겁니다. 그건 아직 같이 살고 싶은 마음의 비율이 조금 더 높다는 말입니다. 이런 사람은 처음에는 못 살 이유만 계속 이야기합니다. 성질이 어떻고 바람피우고 술 마시고 어쩌고저쩌고……. 그래도 제가 살라고 위로해 주었으면 못 이기는 척하며 갈 텐데 제가 원하는 말은 안 해주고 "잘됐네요, 그만두세요." 이러니까 이번에는 같이 살아야 할 이유가 많아져요. 그러니까 아이 교육이 어떻고 양육이 어떻고 하면서 아이를 핑계 삼아 이혼할 수 없음을 계속 주장하는 거예요.

그런 후 몇 년이 지나 또 와서 이제는 진짜 이혼해야 되겠대요.

"전에 스님 말씀 들었을 때는 헤어지려고 마음먹어도 아이 교육상 절대로 못 헤어지겠다 싶었습니다. 그런데 저는 이제 법문도 듣고 수행도 해서 남편하고도 살 수 있는 마음이 되기는 됐는데요, 남편이 술 마시고 들어와서 욕설하고 손찌검하니까 아이들 교육상 도저히 안 되겠습니다."

이 말은 지금은 마음이 못 살겠다는 쪽으로 기울어졌다는 뜻입니다. 자기가 다 결정해놓고 와서 묻지, 제 말을 듣고 따르는 사람은 거의 없습니다. 이 점을 알면 상담이 굉장히 쉬워집니다. 이미 스스로 다 결정해서 왔기 때문에 저는 그 결정에 동의만 해주면 됩니다. 다만 그 동의를 너무 거침없이 한 번에 해줘 버리니까 서운한 거예요. 이러저러하니 이혼해야겠다고 했을 때 제가 "그럼 이혼하세요."라고 말해서 "아이고, 그렇죠? 감사합니다." 이러는 사람은 이미 이혼하려고 마음을 80퍼센트 이상 정해놓은 경우예요. 제가 반대해도 소용없는 사람은 결정해놓고 온 사람입니다. 그런데 제가 이혼하라고 할 때 "아이고, 애 때문에요" 이렇게 대답하는 사람은 이혼하고 싶긴 한데 아직 못 할 이유가 더 많은 사람입니다. 아침에 성질이 날 때는 이혼해야 되겠다는 생각에 꽉 사로잡혀 있다가, 막상 이혼하라는 말을 들으니까 다른 게 눈에 띄어서 아까워 아직 놓지 못하는 것이지요.

그래서 저울을 이쪽저쪽 두 번만 눌러보면 비율이 어디쯤 왔는지 짐

작할 수 있습니다. 대부분은 45 대 55, 48 대 52, 49 대 51 이런 식이에요. 비율이 비슷할수록 결정하기가 어려워요. 20 대 80만 되어도 제게 물으러 오지 않습니다. 혼자서 척척 결정합니다. 물으러 오는 사람은 거의 49 대 51, 48 대 52 이런 사람이에요. 그런데 또 이런 경우는 상담이 굉장히 쉽습니다. 이러나저러나 사실 큰 차이가 없거든요. 어떤 쪽으로 결정해도 손익이 비슷합니다. 한편 이런 경우는 아무리 상담을 해줘도 인사는 못 듣습니다. 양쪽이 비슷하면 어느 쪽으로 결정해도 다른 쪽에 미련이 남으니까요. 제가 결정해줘도 다른 데 가서 또 물어봐요. 결국은 제 말대로 하지 않습니다. 그래서 저는 상담이 굉장히 쉬울 수밖에 없어요. 어차피 자기 식대로 하는 거니까요. 그런데도 굳이 찾아와서 묻는 것은 책임을 나누고 싶은 속셈이에요. 나중에 "스님이 하라고 했잖아요" 이러려고요.

결국은 모두 심리적 위안의 문제입니다. 스님이라도 자기편으로 끌어들여야 그 결정에 위안이 좀 되는 겁니다. 저울대가 왔다갔다할 때 스님이 한쪽을 살짝 눌러주면 그렇게 기울어집니다. 그런데 확연히 반대쪽 무게가 무거우면 스님이 이쪽을 아무리 눌러도 절대로 따라오지 않아요. 그래서 남의 인생에 간섭하지 말라고 하는 거지요. 제가 해 보니 그렇습니다.

사람들이 법문 듣고 좋아졌다고 해도 제 덕이 아니라 모두 자기 근기根機, 자기 복입니다. 제 말을 듣고 따라서 변한 것이 아닙니다. 고만고만한 경지에서 간당간당 흔들릴 때 옆에서 살짝 거들어준 것뿐이에요. 아예 얼토당토않은 상태라면 제가 아무리 깨우쳐주려 해도 못 깨칩니다. 자기 생각에 꼭 사로잡혀 있으면 관세음보살 진신과 3년을 살아도 알아 보지 못하는데 어떻게 다른 사람을 깨우쳐줄 수 있겠습니까.

남편 부처님, 아내 부처님

남편이나 아내, 부모나 자녀가 관세음보살로 화현化現해서 지금 한집에 살고 있을지도 모릅니다. 남편이 매일 술 마시고 애먹이는데 관세음보살인지 아닌지 어떻게 알겠어요? 관세음보살이 와서 나를 깨우쳐주려고 천백억 가지로 화현해 이리도 해 보고 저리도 해 보지만 내가 경계에 팔려서 알아보지 못하고 있는지도 몰라요.

그런데 딱 깨치면 이것을 알게 됩니다. 남편이 바람피우고 애먹여서 죽겠다, 아이가 공부 안 하고 말 안 듣고 사고치고 다녀서 죽겠다고 합니다. 그러나 남편이나 자식이 그 정도로 애를 먹이지 않으면 절대로 제 발로 찾아와서 법문 듣고 매일 새벽마다 108배 참회기도를 하지 않습니다. 편안하고 돈 있으니 다 자기 복인 줄로만 알고 즐기기 바쁘지요. 근심걱정이 있으니 이 절 저 절 다녀보고 교회며 병원도 다녀보다가 여기까지 찾아옵니다. 그래서 정토회에 오는 사람들은 고집이 황소고집입니다. 온갖 경험 다해 보고도 인생 문제가 풀리지 않아 여기까지 왔기 때문에 보통으로 해서는 남의 말을 잘 듣지 않습니다.

그런데 이제 자기가 깨닫고 나면 남편 문제도 아니고 자식 문제도 아니고 내 문제임을 알게 돼요. 깨달아서 눈을 뜨고 나면 이렇게 애먹이는 남편이며 자식이며 마누라가 아니었으면 마음 공부를 시작했을 리가 없다는 사실을 알게 됩니다. 그래서 '아, 우리 아이가 나를 이 길로 인도하려고 그렇게 자기를 희생한 것이구나.', '우리 남편이 그렇게 술을 마시고 행패를 부리면서까지 나를 여기까지 인도해줬구나.' 이렇게 알게 됩니다.

그러면 고마운 마음이 저절로 솟아올라 집에 돌아가서 남편에게 자식에게 절을 하는 겁니다. 그러면 상대가 보살의 화현이 됩니다. 내가 눈을 뜨면 내 남편이 관세음보살이 되고 문수보살이 되고 보현보살이 되는 거예요. 남편이 애물단지로 느껴진다는 말은 아직 내가 눈을 못 떴다는 뜻입니다.

야구든 골프든 종목과 관계없이 선수를 훈련시키는 코치는 종일 따라다니면서 간섭을 합니다. 허리를 어떻게 해라, 손을 어떻게 해라, 고개는 어떻게 해야 한다는 등, 얼마나 간섭이 심한지 몰라요. 그게 다 선수를 위해서 하는 말이지요. 마찬가지입니다. 여러분이 마음을 잘 쓰는지 못 쓰는지 남편이나 아내가 옆에 붙어서 얼마나 코치를 잘 해줍니까? 조금만 성질을 부려도 수행자가 심보를 그렇게 써서 되겠냐고 따집니다. 남편들은 보통 이렇게들 말해요.

"스님한테 하듯이 나한테도 좀 해봐라."

코치는 자기는 운동을 잘하지 못해도 그 운동에 대해 누구보다 잘 아는 사람입니다. 유명한 코치라고 선수보다 운동을 잘하지 않아요. 그러면 자기가 선수를 하겠죠. 하는 건 못 하지만 알기는 잘 아는 사람이 코치예요. 애먹이는 가족들도 마찬가지입니다. 여러분들이 뭐라고 하면 대뜸 스님이 법문에서 그러더냐고 받아칩니다. 이렇게 내가 상에 사로잡히면 바로 귀신같이 잡아내 주는 역할을 해줍니다. 저보다 여러분에게 더 잘해주는 코치이지요.

그래서 자기가 공부가 잘됐나 안 됐나는 가족들에게 물어보면 알 수 있어요. 아내는 남편한테, 남편은 아내한테, 자식은 부모한테, 부모는 자식한테 물어보면 됩니다. 가끔 제게 찾아와서 자신의 공부가 얼마나 되었는지 묻는 사람들이 있어요. 그건 제가 정확히 알기 어렵습니다. 저보다 본인의 가족들이 더 잘 압니다. 그래서 저는 그런 사람에게는 "알겠습니다. 제가 남편한테 물어보지요."라고 대답합니다.

남편이나 아내, 가까이 있는 사람이 내 공부를 점검해 주는 코치라고 생각하면 공부가 아주 빨리 됩니다. 여러분에게는 귀신같이 지적해주는 코치가 항상 옆에 붙어 있으니 저보다 훨씬 공부하기 좋은 조건인 셈입니다.

다른 절로 가보시오

제가 경주 어느 절에 법사로 있을 때였어요. 거기서 어린이 법회도 열고 중·고등학생, 대학생, 청년회 법회도 열었습니다. 한마디로 포교를 열심히 하고 있었지요. 그러던 어느 날 사시 예불을 올리고 있는데 누가 문을 쇠몽둥이로 때리듯이 쾅, 쾅 하고 두드리는 겁니다. 돌아보지는 못하고 속으로 '누구야? 문 다 부수겠네.' 하면서 목탁은 치고 있어도 쾅, 쾅 하는 소리에 이미 신경이 다 가 있었어요. 결국 더는 못 참고 목탁을 내려놓았지요. 속으로는 이미 화가 났지만 진정하고서 도대체 어떤 사람인지 보자 싶어서 문을 확 열었어요. 그런데 문 앞에 웬 상이군인이 서 있는 거예요. 팔이 없고 대신 쇠갈고리를 달아놓았는데 그걸로 자꾸 문을 때리니까 그런 소리가 났던 거예요. 보자마자 '아이고, 동냥 얻으러 왔구나.'라고 생각했어요. 그래서 지금은 사시 예불 중이니까 예불 끝내놓고 챙겨드릴 테니 조금만 기다리라고 말해놓고 돌아와서 목탁을 다시 치는데 또 문을 쾅쾅 두드렸어요. 그러니까 '아니 이 사람, 동냥 얻으러 왔으면 좀 기다리지.' 하는 마음이 확 들어서 제가 목탁을 또 내려놓고 나가서 문을 벌컥 열며 큰소리로 호통했어요.

"좀 기다리라고 그러잖아요. 당신 보듯이 내가 지금 일이 바쁘잖아요!"

"당신만 바빠? 나도 바빠!"

"아무리 바쁘다 해도 내가 뭐라도 주려면 요사채에 가서 쌀이든 돈이든 가져와야 할 거 아니요? 예불하다 놔두고 갔다 올 수는 없으니까 조금만 기다리라잖아요!"

"내가 언제 돈 달라고 그랬어요?"

이 사람은 제게 아직 아무 이야기도 안 했는데 제가 혼자 '동냥 얻으러 왔구나.'라고 생각했던 거예요. 예불에 집착하다가 한 방 먹고 나니, 저도 다시 차분하게 동냥 얻으러 온 게 아니면 왜 왔냐고 물었지요.

"나 여기 중 되러 왔어요."

그 말을 들으니까 또 열이 확 올라와요. 그때가 80년대 초반이었어요. 쿠데타로 전두환 정권이 들어선 뒤에 스님들을 잡아가서 박해했던 10·27 법난이 일어난 지 얼마 되지 않았던 때입니다. 그런 기억이 있으니까 중을 아주 우습게 본다 싶은 생각이 들었어요. 중을 얼마나 우습게 보면 아무나 다 중되겠다 하는가 싶은 거예요. 그래서

"아이고, 그래요? 그런데 여기는 보시다시피 애들 가르치는 포교당이라서 스님 되는 공부를 할 수 있는 곳이 아니에요. 그러니까 저 산에 있

는 다른 절에 가보시오."

그랬더니 이 사람 하는 이야기가

"제가 다 가봤는데 다 안 받는다 그러면서 다른 절에 가보라고 그럽디다." 그러는 거예요. 그래서 왜 중이 되려고 하는가 물어보았더니 '마음이 답답하다'는 거였어요. 그래도 여기는 받기 어려운 조건이라고 변명을 하며 다른 절에 다시 가보시라고 권유를 했어요. 그랬더니 몇 군데 가도 다 안 된다 했는데 누가 여기 가보라고, 여기서는 이런 사람도 받아줄 테니 가보라면서 종이를 한 장 줬다는 겁니다. 그러면서 호주머니에서 뭔가를 주섬주섬 꺼내서 보여줬습니다. 살펴보니 포교한답시고 제가 얼마 전에 나눠줬던 홍보지였어요. 그 홍보지 맨 위에는

'마음이 답답한 자여, 이리로 오라. 여기 부처님께서 마련하신 좋은 안식처가 있습니다.'

이렇게 큼지막하니 써놨어요. 제가 2천 장을 만들어서 길거리에서 사람들에게 나눠줬는데 그중 한 장을 딱 들고 온 겁니다.

"내가 지금 마음이 답답합니다."

이 사람이 자기 가슴을 치면서 말했습니다. 제가 지금 같았으면 그 상이군인께 해드릴 말씀이 있을지 모르겠지만 그때는 책 보고 교리를 외워서 가르칠 때니 마음이 답답한데 어떻게 해야 되냐니까 할 말이 하나도 없는 거예요. 사성제가 뭐냐, 연기緣起가 뭐냐, 팔정도八正道가 뭐냐, 이런 것을 물었으면 막힘없이 줄줄 설명을 해줄 텐데 '마음이 답답하다' 하니 어떻게 해야 할지를 모르겠어요. 그래서 자리를 잡고 앉아 답답한

자초지종을 들어봤어요. 60년대 중반 가족들 반대를 무릅쓰고 돈 벌어보려고 월남 전쟁에 갔는데 전투 중에 부상을 당해 팔, 다리를 하나씩 잃어버리고 불구신세로 돌아오게 되었다는 겁니다. 몸이 성하지 못하니 할 일이 마땅하지 않고 집에서만 지내면서 부인이 버는 돈으로 겨우 살아가야 하니 불화가 끊이지 않았고 급기야 죽으려고 시도를 해봤지만 실제로 죽지 못했다는 거예요. 그래서 스님이 되면 세상을 등질 수 있겠다는 생각에 이 절 저 절 가봤지만 절마다 무엇 때문에 안 되고 무엇 때문에 안 된다고 거절하더라는 거예요. 젊고 사지 육신이 멀쩡했으면 받아주었겠지요.

그런데 그 사람들만 거절한 게 아니었어요. 저도 거절했던 것입니다. 돌아보니 처음에는 보자마자 돈 몇 푼 줘서 보내려고 했지요. 돈 좀 쥐어주고 보내려다가 안 되니까 이번에는 어린이 포교하고 청소년 포교하는 곳이라며 어쨌든 빨리 내보내려 들었어요. 저는 당시 법문하면 항상 산중 불교를 탈피해서 생활 불교를 하자, 고통 받는 사람들을 가까이서 보살피자고 외쳤습니다. 그런데 법문은 매일 그렇게 하면서 정작 그런 사람이 왔는데 빨리 내쫓을 궁리만 한 것이었어요. 이런 모순이 제 속에 있는 줄을 그때 저는 몰랐습니다. 그래서 당신이 오라고 해서 왔다면서 꺼내놓는 홍보지를 봤을 때 제가 엄청난 충격을 받았습니다. 그 홍보지를 딱 보는 순간 머리가 멍해진 겁니다. 나라는 인간이 진실성이 없구나, 한마디로 말하면 이중인격인데 이 이중인격으로 남만 속이는 것이 아니라 나 자신까지도 지금껏 속이고 있었던 것이에요.

그렇게 그 사람이 가고 난 뒤에 충격이 너무 커서 정신을 차릴 수가 없었어요. 여러분도 살면서 남편이나 아내, 부모나 자식 중 누가 죽거나 돈에 의지하다가 부도나면 정신이 없지 않습니까? 저는 그런 가족, 재산을 다 버리고 오로지 부처님 법에만 의지하고 살아왔어요. 그러면서 내가 세상 사람들과는 다른 존재인 양 목에 힘주고 살았는데 그 자체가 한꺼번에 무너져 버리니까 정신이 멍해져버린 거예요. 비유하자면 부모 형제 자식이 한꺼번에 갑자기 죽었는데 부도까지 나서 내 모든 것을 다 잃어버린 것과 다름없이 멍해졌어요. 눈을 뜨고 있어도 보이는 것이 없고 귀가 있어도 들리는 것이 없고, 말을 해도 공허한 거예요.

'아, 이런 모습으로는 이 세상에 나오지 말아야 한다. 해탈하기 전에는 법문이고 포교고 하지 말아야 해. 자기도 구제 못 하는 게 남을 구제한다고 사기치고 다니니 이런 이중인격자가 어디 있는가?'

이렇게 큰 충격을 받고 나서 깊은 산에 들어가 나오지 말아야 한다고 생각하고 정신없이 들어간 곳이 처음 불교에 입문하고 나서 늘 기도하던 칠불암七佛庵이었어요. 더운지 추운지 낮인지 밤인지도 모르고 부처님 앞에 한 이삼일은 그렇게 엎드려 있었나 봐요.

그런데 거기서 제가 다시 뭔가를 느꼈어요. '내가 이렇게 포교 홍보지를 뿌렸기 때문에 나의 허상을 볼 수 있었다, 만약 홍보지를 뿌리지 않았으면 어떻게 그 사람을 만나 그런 대화를 하는 중에 나 스스로를 볼 수 있었겠나.' 하는 생각이 들었습니다. 내가 이제까지 나 잘한다는 착각 속에 살았다 하더라도 그 상이군인과의 만남을 통해서 내가 나를 여실히 볼 수 있었던 것은 그래도 지난 시간 동안의 포교 노력을 했기 때문이니 그것이 다 수행의 과정이었던 것이지요.

또 한 가지 돌이키게 된 것이 있었습니다. 그 동안에는 큰 절 주지스님들이 돈만 밝히고 자기만 생각하지 중생은 생각하지 않는다고 여겼습니다. 그러나 그 사람들이 자기 생각에 빠져 있는 것이나 내가 포교한답시고 자기 생각에 빠져 있는 것이나 매한가지였다는 점입니다. 매한가진데 동산은 옳고 서산은 그르다는 것처럼 내가 생각하는 것은 옳고 너희들이 생각하는 것은 그르다고 했던 것이지요. 그때 그렇게 스스로의 허상을 본 뒤에는 다른 이를 비판하는 일이 많이 줄었습니다. 그들이 자기세계에 파묻혀 있으나 내가 내 세계에 파묻혀 있으나 어차피 마찬가지임을 알게 되었으니까요. 그러니 포교라는 것도 결국 자기 수행의 과정이라는 것을 깨달았습니다. 남을 위한 것이 아니라 포교를 통해서 나의허상을 볼 수 있었던 내 수행의 한 과정이었던 것이지요.

그 이후로 공부하는 자세가 많이 달라졌어요. 전에는 권위자 아무개가 쓴 글을 읽고 학습해서 불교 교리를 학교 선생님이 아이를 가르치듯가르쳤어요. 그런데 그 이후로는 경을 읽으면 글자 이면의 의미를 알게되었습니다. 전에는 『금강경』을 읽어봐도 내용이 공허해 보였어요. '있는것도 아니고 없는 것도 아니고 그것 또한 아니고' 이렇게 막연하다고 생각했는데 이제 그렇게 말하는 그 이면이 보였습니다. 달을 가리키는 손가락 끝을 보다가 비로소 달을 보듯이 글자 너머의 내용을 볼 수 있게되었지요.

우리들은 각자 자기의 허상 속에서 살고 있습니다. 착한 사람이 무섭다고 제가 종종 이야기하지요? 왜 그럴까요? 남에게서 착하다는 소리를 듣는 사람일수록 자기가 옳다고 생각할 때 그 '옳다'는 생각이 아주 강합니다. 생각을 돌이킬 가능성이 거의 없어요. 원래 엄벙덤벙하고 남의 비난을 종종 듣는 사람은 자기가 잘났다고 고함치면서도 속으로는 자기가 문제라는 걸 조금은 알아요. 그런데 모든 사람에게서 착하다는 말을 듣는 사람은 자기는 언제나 진실하다고 믿습니다. 그래서 자기를 돌이켜볼 힘이 굉장히 약하기 때문에 어떤 한 생각에 빠지면 헤어나기가 어렵습니다. 종교적인 맹신에 빠지는 사람들 대부분이 착한 사람들이에요. 그래서 불교에서는 착한 것이 꼭 좋은 것만은 아니라고 합니다. 그렇다고 악해야 한다는 이야기는 아닙니다. 착하면 어리석음에 빠질 수 있으니 경계하라는 뜻입니다. 그래서 지혜로워져야 합니다. 자기의 우물에서 나와야 해요.

삶에서 깨닫기

유명한 자장율사慈藏律師의 이야기에도 이런 것이 있습니다. 자장율사는 신라 시대 고승입니다. 중국 오대산五臺山에서 지극정성으로 기도해서 문수보살을 친견하고 문수보살에게서 계를 받아 우리나라 해동율종海東律宗의 초조가 되신 분입니다.

중국 오대산에서 문수보살을 친견했을 때 "문수보살님, 다음에 다시한 번 더 친견하기를 바랍니다." 이렇게 간청을 했더니 "그래, 신라로 돌아가면 태백산에서 보자." 하고 보살이 대답했어요. 그래서 그분이 신라로 돌아와서 교단을 정비하고 위대한 스승으로 존경받다가 말년에 승통僧統을 그만두고 마지막으로 문수보살을 다시 한 번 더 친견하고자 시자 한 명만 데리고 태백산으로 들어갔습니다. 태백산 중턱에 칡넝쿨로 움집을 짓고 죽기 전에 문수보살을 한 번만 더 친견하려고 간절한 마음으로 기도했어요.

그렇게 백일기도를 하는데, 백 일째 되는 날 기도하던 중에 승복을 입었지만 머리는 기른 웬 거사가 기도 도량에 나타났어요. 중도 아니고 속인도 아닌 차림새를 한 사람이 망태에다 죽은 개 한 마리를 넣어 둘러메고는 기도하는 처소로 털레털레 오는 겁니다. 신성한 기도 도량에 외부 사람이 오는 것만 해도 금기인데 거기다가 죽은 개를 메고 오는 거예요. 그래 시자가 보니까 큰일났어요. 부정 타지 않게 빨리 막아야 한다 싶어 길을 막아서면서 누구냐고 물어도 이 거사가 막무가내로 밀치면서 들어올 뿐만 아니라

"자장 있느냐? 자장 있느냐?"

라며 고함치는 거예요. 시자侍者가 들으니 기도 안 차지요. 자장율사 큰스님은 임금도 받드는 분인데 행색도 형편없고 거기다 죽은 개까지 둘러메ㄴ 이상한 놈이 나타나서 반말로 막 이름을 불러대는 겁니다. 시자가 계속 막아서서 밀어내니까

"너는 상대할 바가 아니다. 약속해서 왔으니 비켜라. 자장 있느냐?"

이러고 계속 고함을 질렀어요. 그래서 할 수 없이 큰스님께 여쭈어보고 만나게 해 줄 테니 기다리라고 달래놓고는 자장율사에게 가서 이야기를 했어요. 이러이러하게 생긴 사람이 와서 고함을 치고 난동을 부리는데 말려도 큰스님과 약속했다면서 막무가내라고 말했지요. 자장율사가 그 말을 듣고는

"아마 미친 사람인가 보다. 돌려보내어라."

이렇게 말했어요. 그런데 이 이야기를 밖에서 들은 거사가 뭐라고 했을까요?

"돌아가리로다, 돌아가리로다. 아상이 있는 자가 어찌 나를 보겠는가?"

그러면서 망태를 탁 뒤집어엎으니 죽은 개가 사자로 변했는데 그것을 타고 동쪽으로 날아가 버렸어요. 그 말을 들은 자장율사가 허겁지겁 움막에서 나와 문수보살이 가는 하늘 쪽을 보고 쫓아가면서 문수보살을 부르다가 거기서 돌아가셨다는 이야기가 전해집니다. 자장율사나 되는 사람이 문수보살도 못 알아봤다는 뜻으로 하는 이야기가 아닙니다. 자장율사 같은 위대한 도인도 한순간 아상에 사로잡히면 문수보살을 알아볼 수가 없다, 그렇게 아상이 무섭다는 이야기를 하는 거예요.

아상은 자기에게 사로잡히는 겁니다. 이 아상을 버리려면 최소한 어디에서 출발해야 할까요?

'지금 내가 일으키는 생각은 대부분 나의 주관적 생각이다. 그러니 적어도 고집은 하지 말아야 한다.'

여기에서 출발해야 합니다. 아상에 사로잡히지 않겠다고 하면 '나는 아상에 사로잡히지 않았다'라는 상에 사로잡혀서 공연히 세상을 더 시끄럽게 만듭니다. 그러니까 내가 언제나 아상에 사로잡히는 존재임을 인정하고 항상 자신을 점검해야 합니다. 거기서 깨어나지는 못해도 최소한 고집하지는 말아야 해요. 그러면 눈은 못 뜨더라도 세상이 어둡다고 불 밝히라며 고함치지는 않게 됩니다. 어둡기는 어둡지만 이것이 정말로 불이 없어 어두운지 내가 지금 눈을 감아서 어두운지 분간할 줄은 알아야 합니다. 불 밝히라고 고함을 쳐서 사람들이 불을 밝혔다고 하는데도 여전히 앞이 어두울 때는 "왜 불 밝히라니까 안 밝혀. 몇 번 이야기했어!" 하고 화를 내는 대신 "어, 내가 눈을 감았는지도 모르겠다." 이렇게 돌아볼 수 있어야 합니다. 그래야 눈을 뜰 수 있습니다.

앞서 살펴보았던 '목불의 사리' 이야기도 마찬가지입니다. 우리는 늘 자기 모순 속에 빠져 삽니다. 이런 자신을 알아차리면 굳이 머리를 깎고 가정과 세상을 떠나지 않고도 우리 삶 속에서 깨달음의 길로 나아갈 수 있습니다.

회정 스님조차도 관음의 진신을 친견하겠다고 그렇게 애원해놓고는 관세음보살을 보지 못하지 않았습니까? 머물게만 해주면 무엇이든지 하겠다고 하고서는 결혼하라면 못 하겠다고 버티고, 계를 파할 수 없다고 그렇게 버텨놓고는 결혼해서 부인이 고녀라고 실망하는 게 모순입니다. 관음의 진신을 친견한다는 것은 어떤 누구를 보는 것이 아니라 이런 과정을 통해서 자기의 모순을 자각하는 것입니다. 관음의 진신을 친견하겠다고 원을 세웠지만 친견은 못 했어도 자기의 어리석음을 뉘우쳐 참회하니 결국 자기의 본래 모습으로 돌아갈 수 있었어요. 그러니 뭐가 되게 해 달라는 기도보다는 자기를 돌이켜보는 기도가 수천수만 배로 더 큰 복을 가져다주는 거예요.

속고도 모르는구나

수덕사修德寺의 회암晦庵 스님께 어느 기자가 질문했습니다.

"큰스님, 극락이 있습니까?"

그러자 큰스님께서 빙긋이 웃으시더니 답하셨어요.

"사립문 밖 한길이 장안을 향했도다."

극락이 있는지 없는지 물어본 데에는 죽어서 좋은 데 가고 싶은 마음이 숨어 있습니다. 사립문 밖, 자기 집에서 대문을 열고 바로 나가면 한길이 있는데 그 길이 장안, 다시 말해 서울로 통한다고 했어요. 사람마다 다르게 받아들일 수도 있겠지만 큰스님의 답변은 극락이 있니 없니 어떻게 가느니 하는 논의가 필요 없다는 뜻이겠지요. 바로 지금 여기서 내가 어떤 마음을 일으키고 어떤 말을 하고 어떤 행동을 하는지가 모든 것을 결정하는 가장 중요한 것입니다. 군이 서울 이야기를 할 필요가 없다는 뜻이에요. 이것을 선에서는 조고각하照顧脚下, '지금 네 발밑을 보라'라고 합니다.

『삼국유사三國遺事』에 보면 이런 기록이 있습니다. 큰 절에서 열린 재에 왕이 참석했습니다. 왕이 참석하니 당대의 귀족과 부자들도 당연히 참석했겠지요. 왕이 일주문으로 들어가다 보니까 낡은 승복을 입은 스님 한 분이 들어가지 못하고 입구에 있었습니다. 행색이 초라하니 소위 보안검색에 걸린 게지요. 그래서 왕이 아랫사람을 시켜 그 스님을 넣어주었습니다. 그리고 재가 끝난 뒤 절을 나오면서 왕이 그 사람에게 말했습니다.

"왕이 참석한 재에 참석했다고 자랑하고 다니지 마시오."

그러자 그 초라한 스님이 이렇게 대꾸했습니다.

"대왕이시여, 대왕도 다른 데 가서 부처님의 진신이 참가한 재에 참여했다는 말을 함부로 하지 마십시오."

놀란 왕이 스님을 다시 보았더니 스님이 허공으로 날아가 버렸어요. 그래서 아랫사람을 시켜 뒤를 쫓게 했습니다. 남산 쪽으로 날아가는 것을 보고 말에서 내려 산으로 쫓아 올라갔더니 갖고 있던 발우와 주장자를 웬 바위 위에 두고 사라져 버렸습니다. 그 주변을 살펴보니 조그마한 불상이 새겨져 있었는데 아까 본 스님과 얼굴이 똑같았어요. 크게 뉘우친 왕은 불상이 새겨져 있던 곳을 석가사釋迦寺라 명하고, 스님이 발우와 주장자를 두고 사라진 자리에는 무불사無佛寺, 즉 부처가 없어진 곳이라는 이름으로 절을 세웠다는 이야기가 전해집니다. 이처럼 부처님은 겉모습으로는 친견할 수가 없습니다.

한 도인이 잔칫집에 초대를 받아 갔습니다. 그런데 그곳에 고관대작들이 워낙 많이 참석하다 보니 문지기가 사람을 분별해서 넣었습니다. 도인은 분명히 초대를 받고 갔는데도 입구에서 문지기에게 쫓겨나버렸어요. 그 이유를 가만히 생각해 보니 다들 화려한 옷을 입었는데 자기만 행색이 너무 초라한 겁니다. 그래서 돌아가서 좋은 비단옷으로 갈아입고 왔더니 이번에는 문지기가 아주 깍듯이 상석으로 모시는 것이었어요. 자, 이제 잔치가 시작되었습니다. 갖가지 음식이 차려진 주안상이 나왔어요. 축배를 들자고 술을 돌렸더니 도인이 술을 옷에다 부어버렸어요. 또 고기와 안주를 집어서는 다시 옷에다 부어버리는 겁니다. 보고 있던 사람들이 놀랄 수밖에요.

"아니, 그 좋은 술을 왜 그 아까운 옷에다 붓습니까? 마시라고 드렸지 옷에 부으라고 드린 술이 아닌데요."

그러자 도인이 입구에서 있었던 사연을 이야기하고는 이렇게 말했습니다.

"오늘 제가 이 자리에 있게 된 게 이 옷 덕분이니, 접대도 내가 아니라 이 옷이 받아야 합니다. 그러니 이 술도 마땅히 옷이 먹어야 하고 이 안주도 다 옷이 먹어야 할 일입니다."

저도 비슷한 경험을 10여 년 전에 겪었습니다. 어느 재벌 회장이 주관한 큰 연회가 서울의 한 고급 호텔에서 열렸는데 저도 주빈 중 한 사람으로 초청장을 받았습니다. 그런데 신도님의 소형 승용차를 얻어 타고 갔더니 수위가 호텔 앞에 차를 세우지 못하게 하는 거예요. 차를 세우지 못하니 문을 열고 내리지도 못하고 곤란했지요.

옷이나 차뿐 아니어도 이런 경우가 많습니다. 여기 예로 든 사람들만 그럴까요? 우리 모두 다르지 않습니다. 우리는 이름이나 지위, 행색, 경력을 가지고 상대를 평가합니다. 그것이 우리의 일상적인 삶의 모습입니다. 『금강경』에 이런 글귀가 있습니다.

일체유위법 여몽환포영 여로역여전 응작여시관
一切有爲法 如夢幻泡影 如露亦如電 應作如是觀

'일체유위법,' 즉 갖가지 형상이라고 하는 것, 명예니 이름이니 하는 모든 함 있는 법은 모두 '여몽환포영,' 꿈 같고 환상 같고 물거품 같고 그림자 같다, 실체가 없다, 텅 비었다는 것이지요. '여로역여전,' 아침 이슬 같고 번갯불 같다, 무상하다, 금방 변해버리는 것이라는 뜻입니다. '응작여시관,' 이렇게 봐야 한다는 것입니다. 모든 것이 무아이고 무상임을, 공임을, 텅 빈 것임을, 잠시 머물다가 곧 사라져버리는 신기루 같은 것임을 알아야 합니다. 그래야 속지 않고 살 수 있습니다. 그런데 우리는 그렇게 되지 않습니다. 그래서 그렇게 되지 않는 가운데서도 정신을 차리고, 속는 가운데서도 속는 줄을 알아야 합니다. 적어도 '아, 내가 속았구나.' 하고 정신을 차려야 합니다.

수행의 힘을 키워라

언제나 삶에서 부딪히는 일을 안으로 살펴야 해요.

타성적으로 보지 말고 새로이 돌아봐야 합니다.

그렇게 해야 무슨 일이 일어나도 흔들리지 않는 삶을 살아갈 수 있어요.

울고 있어도 슬픔에 빠지지 않고,

웃고 있어도 기쁨에 빠지지 않고,

병이 나고, 늙고, 사랑하는 사람이 죽어도

흔들리지 않을 수 있어요.

그래야 안심입명이라고 할 수 있지요.

안 믿으면 되지

제 친구 한 명이 미국에 살고 있습니다. 언젠가 미국 어느 도시에 법회를 갔을 때 그 친구가 신문을 보고 전화를 했어요. 법회가 끝나고 사람들이 다 돌아간 뒤 빈 절에 혼자 기다리고 있으니까 친구가 찾아왔어요. 잠시 들어오라고 해도 안 들어와요. 왜 그러냐니까 자기가 교회에 다니기 때문에 절에 들어갈 수가 없대요. 그래서 차를 타고 친구 집으로 갔습니다. 마주보고 앉아서 이런저런 이야기를 하던 끝에 그 친구가 고민이 있다고 하더군요.

"뭐가 고민인데?"

"내가 명색이 장로인데 성경을 두 번 세 번 아무리 읽어도 도통 안 믿어져서 고민이다. 그런데 어떤 사람들은 그냥 설교 한 번 듣고 성경 한 번 보고 딱 믿는 걸 보면 너무너무 부러워. 이럴 땐 어쩌면 좋겠냐?"

"그게 무슨 걱정이냐?"

"뾰족한 수라도 있어?"

"있지."

"뭔데?"

"안 믿으면 되지."

안 믿어지면 안 믿으면 됩니다. 굳이 믿어야 할 이유, 믿어야 할 필요가 없습니다.

참선 공부도 마찬가지입니다. 화두가 안 들린다고 야단들이지만 참선 안 하는 사람이 보기에는 안 들리면 안 들면 될 일입니다. 그런데 또 이무리 속에 있는 사람은 화두를 안 들면 무슨 큰일이라도 나는 것처럼 기를 씁니다. 믿지 않으면 무슨 큰일이라도 나는 것처럼 기를 쓰고 믿으려 드는 것과 다를 바가 없어요.

우리는 간혹 자기 생각에 빠져서 자기 생각은 옳고 남의 생각은 그르다고 하거나 자기 종교에 빠져서 자기 종교만 옳고 남의 종교는 그르다고 하기 쉽습니다. 자기 문화에 빠져서 자기 문화만 훌륭하고 남의 문화는 하찮다고 생각하기도 하지요. 불교가 이런 수준에 그친다면 굳이 불교라고 할 이유가 없습니다. 많은 문화 가운데 하나, 많은 종교 가운데 하나, 많은 사상 가운데 하나, 많은 철학 가운데 하나에 불과하지요. 굳이 불교를 믿을 이유가 없어요. 대부분의 불자들이 그런 수준에 머물러 있기 때문에 불자라고 하면서도 세력과 이익과 명예를 따라가며 흔들립니다.

안 믿어지는 하느님을 억지로 믿으려는 사람이나, 안 들리는 화두를 억지로 들리려고 하는 사람이나 별반 차이가 없습니다. "하느님, 하느님, 우리 집에 복을 주십시오." 하고 비는 사람이나 "부처님, 부처님, 우리 집에 복을 주십시오." 하고 비는 사람이나 별반 다르지 않습니다.

관념적인 것을 벗어던지고 그것을 뛰어넘어서 진실의 세계를 보는 데에 깨달음의 길이 있습니다. 화두를 드니 마니, 들리니 안 들리니 하는 것은 사량분별思量分別 놀음, 즉 흉내내기에 불과합니다. 진실로 믿는 자라면 믿지 않으려 해도 안 믿을 수가 없습니다. 진실로 어떤 인생사에 깊은 의문이 생긴다면 놓으려 해도 놓을 수 없어야 합니다. 그것이 진짜 화두입니다. 자나 깨나 앉으나 서나 놓으려 해도 도무지 놓아지지 않아야 화두라고 할 수 있습니다.

개에게도 불성이 있습니까

어느 스님이 양지바른 곳에 혼자 앉아 명상을 하고 있는데 옆에서 자꾸 따그닥따그닥 소리가 들렸습니다. 천 개의 벼락이 쳐도 꿈쩍하지 않는 자세로 임하겠노라 마음먹고 명상을 시작했지만 궁금증이 커져서 결국 눈을 떠 버렸어요. 보니까 웬 개 한 마리가 살점이 하나도 없는 마른 뼈다귀를 물고 와서 꼭꼭 씹다가 탁 뱉고 꼭꼭 씹다가 다시 뱉기를 반복하고 있어요. 씹어도 소용없는 마른 뼈다귀를 두고 아무 이익이 없는 짓을 되풀이하는 꼴을 바라보다가 문득 경전의 한 구절이 생각났습니다.

'일체중생一切衆生은 개유불성皆有佛性이다.'

모든 중생은 다 부처의 성품이 있다는 뜻입니다. 즉 일체 중생이 모두 부처라는 뜻이지요. 그렇다면 저 개도 부처이니 지금 개가 하는 짓은 부처가 하는 행이어야 합니다. 그런데 개가 하는 짓을 보니 쓸데없고 무익하여 도무지 부처가 할 법한 행이라고는 믿기지 않았습니다. 만약 저것이 부처의 행이 아니라면 저 개는 부처가 아니고, 저 개가 부처가 아니라면 모든 중생은 다 부처라는 경전의 말이 틀린 셈입니다. 경전의 말이 맞는다면 저 개의 무익한 행이 부처의 행이라야 하니 부처가 무익한 일을 계속할 리 만무하지 않느냐는 것이요. 이 스님은 지금까지는 '일체중생에게는 다 부처의 성품이 있다.'라는 말을 듣고 의심해 본 적이 없었어요. 그런데 이런 구체적인 현실에 부딪히 의문이 생겨났습니다.

그래서 스님은 스승을 찾아가서 물었습니다.

"스승님, 저 개에게도 불성이 있습니까?"

여기서 스승이 있다고 답했다면 자기가 잠시 분별심을 일으켰다 여기고 넘어갔겠지요. 그런데 스승의 대답은 예상과 달랐습니다.

"이놈아, 개한테 무슨 불성이 있겠느냐?"

그 말에 제자는 그만 눈이 멀고 귀가 먹어 깜깜 절벽을 마주했습니다. 해가 지는지 뜨는지, 밥을 먹는지 안 먹는지, 깨어있는지 자는지, 오는지 가는지 모를 정도로 멍해져 버렸어요. 불성이 없다니? 무! 도무지 이것이 무슨 소리인가? 이럴 때 '화두가 잡혔다'고 말합니다. 그러면 이럴 때 어떤 현상이 일어날까요?

첫 번째, 스승이 "없느니라." 하면 대뜸 "스님, 『열반경涅槃經』에는 있다고 써놨는데요."라고 대꾸하고 싶은 마음이 일어납니다. 다시 말해 스승의 말을 믿지 않는 것입니다. 선에서는 스승과 제자 사이에 이심전심以

心傳心으로 법을 전하기 때문에 이러한 경우는 스승을 믿지 못하므로 깨달음에 이를 수가 없습니다.

두 번째는 스승을 믿는 경우입니다. 없다고 그러면 "『열반경』이 틀렸나 보다." 이것은 경을 못 믿는 것입니다. 경을 믿지 못하는 것은 부처님의 말씀을 믿지 못한다는 뜻이지요. 수행자가 부처님의 말씀을 믿지 않는데 어떻게 성불할 수가 있을까요?

스승의 말을 믿고 '없다' 하니 부처님을 불신하는 게 되고, 경전의 말을 믿고 '있다' 하니 스승을 불신하는 게 됩니다. 있다고 해도 문제가 되고, 없다고 해도 문제가 되니 어느 쪽이든 성불할 수 없게 되는 것입니다.

세 번째 길이 또 있습니다. 스승이 "없느니라." 하니까 나오면서 "아이고, 『열반경』에는 있다 하고 스승님은 없다 하니 도대체 어느 쪽이 맞는거야?" 이러는 경우지요. 이것은 둘 다 불신하는 것입니다. 부처님 말씀도 못 믿고 스승의 말도 못 믿는 것입니다. 우리 대부분은 이런 수준에서 수행하고 있습니다. 여기서는 이렇다고 하고 저기서는 저렇다고 하니 헷갈려서 결국에는 둘 다 못 믿는 거예요. 양쪽 다 못 믿는 경우가 가장 많습니다. 믿지 못하기 때문에 다른 곳에 가서 또 묻고 헷갈리다 보니 둘 다 못 믿게 되는 것입니다.

이 뭣고

그렇다면 부처의 말도 믿고 스승의 말도 믿으면 어떻게 될까요?

경에는 개에게 불성이 있다고 했고 스승은 없다고 했습니다. 믿음은 헷갈림을 가져오는 것이 아닙니다. "없느니라."라고 한 스승의 말은 있다, 없다를 따지는 소리가 아닙니다. 없다니? 이게 도대체 무슨 말인가? 없다는 것이 뭘 의미하는가? '이 뭣고?' 이렇게 제자에게 큰 의문이 생기게 함으로써 참구參究하게 하는 것입니다. 이것은 아무리 경을 읽어도 알 수가 없습니다. 지금껏 알고 있던 모든 지식과 알음알이가 이 한마디에 무용지물이 되어버렸어요. 그래서 눈이 멀고 귀가 먹었다고 하는 것입니다. '없다? 없다? 개에게는 불성이 없다? 도대체 이게 무슨 의미인가? 이 뭣고?' 의문이 마음에 꽉 박혀 밥을 먹어도 걸려 있고 똥을 눠도 걸려 있고 앉아도 걸려 있고 누워도 걸려 있어요. 단순히 있고 없음을 뛰어넘어 그 무언가의 의미를 찾게 됩니다.

이것을 참구라고 합니다. 그 어떤 답으로도 해결되지 않는 새로운 세계예요. 마치 과학자가 새로운 법칙을 연구하는 것과 같습니다. 과학에서는 연구라 이르고 불교에서는 참구라고 합니다. 여행에서는 탐사探査라고 그래요. 미개척지, 신세계를 탐험한다는 뜻입니다. 그곳은 이제까지 누구도 가 본 적이 없고 누구도 알지 못하는 새로운 세계이기 때문에 이렇다 저렇다 말할 수가 없습니다. 직접 가보지 않고는 알 수 없는 곳이지요. 그런 미지의 세계를 탐험하듯이, 어떤 새로운 대상을 연구하듯이 '무'라는 말의 뜻을 찾아 새로운 세계를 참구하는 것입니다.

이 참구는 직접 부딪혀서 경험하는 수밖에 달리 방법이 없습니다. 물어서 답을 얻는다고 알 수 있는 것이 아니에요. 금성에 가 본 이가 아무도 없는데, 금성이 어떻더냐고 무엇이 있더냐고 사람들에게 물어봐야 알 수가 없습니다. 애초에 물을 필요도 없는 질문이지요. 직접 가보지도 않고 온갖 억측으로 이러쿵저러쿵하는 건 아무 의미가 없습니다. 이것이 바로 백척간두 진일보입니다. 절벽 안쪽의 세계는 내가 아는 세계, 절벽 너머의 세계는 아직 아무도 가보지 않은 새로운 세계입니다. 바로 거기에 뛰어들어야 합니다.

조금 다른 이야기지만, 세상에 알려진 바에 따르면 뉴턴이 만유인력의 법칙을 어떻게 발견했다고 합니까? 어느 날 사과가 땅에 떨어지는 것을 보고 왜 사과가 아래로만 떨어지는지 궁금증을 품어서 연구를 시작했다고 하지요. 보통 사람에게 왜 사과가 아래로 떨어지는지 물어보면 뭐라고 할까요?

"그럼 사과가 밑으로 떨어지지 위나 옆으로 떨어지겠냐? 그걸 질문이라고 해? 당연한 거지."

뉴턴은 바로 이 당연한 것에 대해 문제를 제기했습니다. '왜 아래로 떨어질까? 왜 위나 옆으로는 못 갈까? 아무리 옆으로 던져도 아래로 떨어지고 아무리 위로 던져도 아래로 떨어지는 이유가 뭘까?' 연구에 연구를 거듭한 결과, 지구에 중력이 있다는 것을, 즉 질량이 있는 곳에는 인력이 있다는 사실을 알게 되었습니다. 만약 두 개의 물체 사이에 질량이 균형점에 이르는 지점이 있다면 어디로도 떨어지지 않고 머무르게 될까? 지구에서 멀리 떨어져 중력의 힘이 미치지 않는 곳이라면 어떨까? 이렇게 연구에 연구를 거듭해서 결국은 어떻게 지구가 태양 주위를 돌고 달이 지구 주위를 도는지까지 밝혀냈습니다. 이처럼 스스로 의문을 일으켜야 하고, 그 해답을 찾기 위해서 직접 연구해야 합니다.

"없느니라."라는 스승의 말도 마찬가지입니다. 그 '무'라고 하는 것의 의미를 탐구해야 해요. 그냥 없나 보다, 그냥 떨어지나 보다 이것만으로는 안 됩니다. 여기에는 수없는 실험과 도전, 실패, 재도전이 반복될 수밖에 없습니다. 넘어지면 다시 일어서고 넘어지면 다시 일어서고를 수없이 계속해야 해요. 믿으려고 해도 믿어지지 않아 억지로 믿는 그런 개념이 아닙니다. 들리지 않는 화두를 억지로 들고 또 드는 그런 것이 아니에요. 놓으려 해도 도저히 놓을 수 없는 강력한 의문이 일어나야 합니다. 이때 '무' 또는 '이 뭣고'라는 화두가 되는 것입니다.

그래서 참선을 하는 데는 세 가지가 중요합니다. 첫 번째로 큰 믿음이 있어야 합니다. 부처님의 말씀, 스승의 말씀에 대한 깊은 믿음인 신심이 있어야 해요. 다음으로 큰 의문인 의심이 일어나야 합니다. 마지막으로 이제까지 이것을 몰랐음을 분하게 여기고 알려고 하는 강력한 의지가 일어나야 합니다. 쉽게 말해 '내가 여태껏 이것도 모르고 살았다니! 어떻게든 밝혀서 알고야 말겠다.'라는 분심이 있어야 해요. 누가 미워서 분노하는 것이 아니라 '이것도 몰랐다니!' 하는 큰 분발심이 일어나야 수행의 힘이 되는 것입니다. 이렇게 화두를 참구하는 데는 대신심大信心, 대의심大疑心, 대분심大憤心 이 세 가지가 삼발이처럼 있어야 합니다.

청천벽력의 의문

～

진리를 구하러 수천 리 길도 마다 않고 산 넘고 물 건너서 스승을 찾아왔어요. 스승에게 인사를 드리고 질문을 하려고 문을 열고 들어가는데 "어떤 물건이 이렇게 왔는고?" 하고 스승이 큰소리로 물었습니다.

다른 것이라면 책을 찾아보든 백과사전을 뒤지든 남에게 묻든 하겠지만 "여기 온 네가 누구냐?"라고 물으니 누구한테 물어볼 수가 있겠어요? 다른 사람에게 가서 "선생님, 제가 누굽니까?"라고 물어보면 미친놈 소리 듣기 십상이지요. 내가 누군가? 나라고 하는 이것, 지금껏 살면서 수도 없이 써온 '나'라고 하는 이것이 과연 무엇인가? 영어로 표현하면 "What is this? Who am I?" 중국어로 표현하면 "시 삼마是什麽"입니다. "이 뭣고?"라는 뜻이지요. '나'라고 하는 이것이 도대체 무엇인지 진지하게 탐구해야 합니다.

"네가 누구냐?"라고 물었을 때 어떤 사람은 "저요? 저는 접니다. 내가 나지 달리 누구겠어요?" 이러면 탐구는 거기서 끝나버리는 것입니다. 또 어떤 사람은 "나는 스님이요!"라고 답하고, 한번 더 물으면 "그러는 당신은 누굽니까?"라고 되물어요. 자기 탐구는 않고 자기방어, 반항만 해요. 내가 누구인지를 찾는 게 아니라 시비하는 것이지요.

지금까지 제 경험으로 볼 때 이 문답은 세 번을 못 넘어갑니다. "네가 누구냐?" "법륜입니다." "법륜이 너냐, 네 이름이냐?" "제 이름입니다." "누가 네 이름 물었느냐? 네가 누구냐?" "저요? 스님입니다." "스님이면 다 너냐?" "아닙니다." "그러면 너는 누구냐?" "?" 이렇게 세 번만 물어보면 대답을 못 해요. 그다음부터는 저항을 합니다. "나는 납니다, 나는 납니다." 이렇게 계속 반복하거나 "그렇게 묻는 당신은 누구요?"라고 따지는 것 외에는 다른 할 말이 없어요. 질문 세 번 만에 지금껏 내가 알던 모든 것들이 딱 끝나버려요. 무용지물이 되어버립니다. 아는 것으로는 이제 대답할 게 없어요. 그 순간 지금까지의 내 삶이 허공에 떠서 공허하게 살아온 것임을 알게 됩니다.

이런 수준에서는 제아무리 똑똑한 척 잘난 척 위세 부려도 당장 직장 하나만 날아가면 정신 나간 허깨비 꼴이 되어 방황합니다. 제아무리 떵떵거리다가도 갑자기 부도를 맞아 전 재산을 다 잃어버리면 완전히 바보 멍청이가 되어서 어찌할 바를 몰라요. 제아무리 행복하다고 자신하다가도 배우자나 부모, 자식이 갑자기 죽으면 멍하니 정신 나간 사람이 되어버립니다. 제아무리 목에 힘주고 큰소리치다가도 뇌물 먹었다고 신문에 대서특필돼서 망신당하거나 감옥에 잡혀 들어가면 혼 빠진 사람처럼 되어버리지요. 건강하다고 큰소리치고 살다가도 병원에 가서 암 말기 진단을 받으면 삽시간에 다리가 후들거리고 멍해져서 정신을 못 차립니다. 그러니 함부로 큰소리칠 게 못 돼요.

왜 이럴까요? 세 번 질문을 못 넘기기 때문에 그렇습니다. '나' 아닌 것으로 '나'를 삼고 제 것 아닌 것을 가지고 제 것인 양 으스대다가 그것이 사라져버리니까 당황해서 멍해지는 것이지요. 가짜이고 허상인 게 들통나버린 게지요. 그래서 '나'의 본질을 진지하게 탐구해봐야 합니다.

그런데 우리는 게으르기 짝이 없습니다. '깨달음의 장'에서 이 질문을 세 번만 물어보면 입도 벙긋 못 합니다. "몰라요." 이 한마디만 계속 똑같이 반복하는 사람이 많아요. "나는 납니다. 그러는 당신은 누구요?" 하고 시비하는 사람도 계속 반복하기는 마찬가지입니다. 성미가 괄괄한 사람은 "그런 건 왜 물어! 이런 거나 하려고 내가 여기 왔나!" 하고 화만 냅니다.

이 질문이 청천벽력같이 들려야 합니다. 마른하늘에 날벼락처럼 눈이 멀어버리고 귀가 먹어버리고 멍해지는 충격, 밥이 입으로 들어가는지 코로 들어가는지도 모르는 충격이어야 해요. 그런데 그저 시키는 대로 앉아서 밥은 언제 먹나, 잠은 언제 자나, 이것만 생각하면 어떻게 깨닫겠어요? 죽비 치고 참선 시작하면 마치는 죽비는 언제 치는지만 기다리고, 참선 끝나는 죽비 치면 밥 먹을 생각만 하고 이래서야 한 철 나고 두 철 나고 열 철, 백 철 나 봐야 아무것도 깨닫지 못합니다.

성냥불을 그을 때 성냥을 세게 확 그어야 불이 일지 슬금슬금 300번 문질러봐야 무슨 소용이 있겠어요? 그런다고 불이 일어나지 않습니다. 그러면서 300번이나 그었는데 불이 안 일어난다고 불만입니다. 옆에서 세게 그어보라 해서 확 그었더니 301번째에 불이 일었어요. 그러자 옆에서 10번째 긋고 있는 사람에게 301번 해야 불이 일어난다고 훈수까지 둡니다. 사실은 시간이나 횟수는 아무 상관이 없어요. 공부를 이렇게 하면 안 됩니다. 자기 의문이 들어야 해요. 참선하다가 개가 뼈다귀 씹는 걸 보고도 저것이 불성이 있는지 크게 의문을 일으켜야 화두가 됩니다.

부부가 서로 상대가 없으면 못 살 것처럼 사이가 좋다가도 남편이나 아내가 바람을 피우기라도 하면 "어떻게 네가 바람을 피울 수 있느냐, 죽여버리겠다." 하고 광분합니다. 이때 생각을 돌이켜 화두가 잡힐 만도 하잖아요? '도대체 어떻게 해서 이런 일이 일어나게 됐을까?' 한 이불 밑에서 껴안고 살면서도 내가 이 여자에 대해서, 혹은 이 남자에 대해서 몰라도 한참을 몰랐잖아요. 잘했느냐 못 했느냐를 따지는 것은 익히 아는 세계입니다. '내가 이 사람을 몰랐다. 뭘 몰랐는가?' 이것을 생각해 보면 오늘부터 연구가 됩니다. '무엇이 어떻게 되었기에 이런 일이 생겼을까? 나에게 어떤 부족함이 있어서, 상대의 마음에 어떤 채워지지 못한 부분이 있어서 오늘날 이런 일이 일어나게 되었나?' 수행하는 사람이라면 이런 일이 일어났을 때 바로 큰 의문이 딱 잡힙니다.

그러니 오늘부터 연구를 해 보세요. 상대방을 잘 알아봐요. '아, 사람의 마음이라는 게 이러하고 이런 식으로 움직이는구나.' 이렇게 탐구해서 알게 된 내용을 책으로 내면 진짜 박사가 됩니다. 남의 책 짜깁기해서 주 달아 내놓는 박사는 진짜 박사가 아닙니다. 쓴 사람도 읽는 사람도 내용을 잘 몰라요. 법문도 그렇습니다. 경전에 있는 이야기에 뭐라 뭐라 해석을 잔뜩 붙여서 말은 많은데 무슨 소린지 몰라요. 붓다의 살아 있는 소리가 아닙니다. 그러니 마음에 다가오는 게 없고 내 삶이 바뀌지도 않아요. 금강경을 하루에 일곱 번 읽고 주력呪力을 하루에 300번씩 하면서 정성을 들인다고 하는데도 그 나물에 그 밥으로 매일 사는 게 똑같습니다. 절에 다니든 교회 다니든, 종교가 있든 없든, 염불하든 안 하든, 참선하든 안 하든 배우자가 바람피웠다 하면 눈이 뒤집어져서 정신이 없는 것은 똑같아요. 아무 차이가 없습니다.

그러니까 여기에서 '무'라고 하는 것은 있다, 없다의 '없다'가 아닙니다. 있는 것과 없는 것 중 선택하는 양자택일의 세계, 어느 것이 맞는지를 논하는 세계가 아니에요. 있다 없다를 뛰어 넘은 새로운 세계, 진실의 세계, 실제의 세계입니다. 이를 진여실상眞如實相, 제법실상諸法實相이라고 합니다. 그걸 자기가 직접 보고 경험해 봐야 합니다.

그러기 전까지는 그저 꿈같은 인생이에요. 안다 해도 아는 것이 아니에요. 그저 우왕좌왕하며 가을바람에 휘날리는 낙엽처럼 바람 부는 대로 날아다니다가 바람 멎으면 어느 개골창에 떨어질지도 모릅니다. 우리가 평생은 물론이고 세세생생을 이렇게 살아간다는 이야기입니다. 당장 며칠만이라도 진지하게 '이 뭣고?' 참구해 보면 자기를 알 수가 있습니다.

저 너머

언젠가 교회 목사님들이 모인 수련회에서 불교에 관해 좀 가르쳐달라는 청을 받은 적이 있습니다. 이 목사님들은 굉장히 훌륭하신 분들입니다. 우리가 너무 예수님의 삶에서 벗어난 삶을 산다, 십자가 정신을 잊어버렸다 하여 예수님처럼 살자는 운동을 펼치는 분들입니다. 그래서 제가 기꺼이 그러겠다고 했습니다. 같은 종교인이자 도반으로서 반갑고 좋은 일이었어요.

그런데 한 가지 주문이 있었습니다.

"스님, 불교를 말로 하지 말고 경험하게 해주세요. 말로 하는 건 우리도 너무 잘합니다. 그러니 말로 하지 말고 몸으로 경험하도록 해주세요."

이건 간단한 문제가 아니에요. 그래서 하루, 이틀, 사흘, 나흘, 며칠을 가만히 생각해 보니 '몸으로 경험하게 해달라.'는 말은 앉아서 5분이든 30분이든 참선을 하든지 호흡관을 하든지 요가를 하든지 몸을 쓰는 활동을 의미하는 것 같았어요. 이걸 불교라고 할 수 있을까요? 아닙니다. 그렇지만 밖에서는 다들 이런 것을 불교라고 생각합니다. 이런 행위를 하지 않으면 뭔가를 느끼게 해준다 해도 또 말로 했다고 할 것 같았습니다. 그래서 요가의 일인자라는 평을 듣는 유명한 교수님께 도움을 청했습니다. 그렇게 3박 4일 수련회에서 하루 두 시간씩 총 여섯 시간을 배정받아서 교수님이 세 시간, 제가 세 시간을 쓰도록 하였습니다. 교수님이 매일 아침 1시간씩 요가를 가르치니 몸은 좀 힘들지만 다들 좋아했습니다.

이제 제게 배정된 시간이 되었습니다. 30~40명이 빙 둘러 앉았어요. 옆에 앉은 목사님이 시계를 차고 계시기에 제가 말을 거는 것으로 시작했습니다.

"목사님, 시계 참 좋아 보이네요. 그 시계는 누구 겁니까?"

"예, 제 겁니다."

"어, 진짜 당신 거예요?"

"예, 제 것 맞아요."

"그게 왜 당신 거예요?"

"제가 돈 주고 샀습니다."

"돈 주고 샀는데 왜 당신 거예요?"

"그야 돈 주고 샀으니까 제 거죠. 스님 왜 그러세요."

그래서 또 물었어요.

"목사님."

"예."

"그 시계, 누구 거예요?"

"아, 내 거라니까요. 내가 목사인데 남의 걸 가져왔겠어요?"

"아, 예. 그런데 왜 당신 거예요?"

"내가 돈 주고 샀다니까요! 보증서도 다 있어요. 이거 좋은 시계라서 다 보증이 되어 있어요."

또 물어보았습니다.

"목사님."

"예."

"당신 손목에 차고 있는 그 시계, 누구의 것입니까?"

"아이고, 스님! 내 거라고 그러지 않았어요? 이 중요한 시간에 뭐 그런 거나 자꾸 묻고 그래요?"

"어째서 당신 거예요?"

"아, 돈 주고 샀다고 내가 이야기했잖아요. 어느 가게에서 샀는지 보여줄까요?"

"돈 주고 샀는데 왜 당신 거예요?"

"돈 주고 샀으니 내 거죠. 자본주의 사회잖아요."

이번에는 그 옆에 앉은 목사님한테 물었습니다.

"그 가방 누구 거예요?"

"제 거예요."

"왜 당신 거예요?"

"예, 이거 결혼할 때 우리 마누라가 저한테 예물로 준 겁니다."

"선물 받았다는 이야기에요?"

"예."

"선물 받았는데 왜 당신 거예요?"

"아, 선물 받았으니 제 거죠."

"목사님."

"예."

"그 가방 누구의 것입니까?"

"제 겁니다."

"어째서 당신 거예요?"

"아, 결혼할 때 선물 받았다니까요?"

"선물 받았는데 왜 당신 거예요?"

"선물 받았으니 내 거지. 그러면 이게 스님 거란 말이에요? 이게 탐나요? 좋아 보여요?"

"아니, 탐나고 안 나고의 문제가 아니라 누구의 것인지 물었어요."

"허 참, 내 거니까 내 거라고 하지, 남의 건데 왜 내 거라고 그러겠어요?"

그 옆 목사님은 반지를 끼고 있었습니다.

"목사님, 반지 그거 누구의 것입니까?"

이러니까 다들 기가 막힌 거예요. 다 똑같은 소리 아니냐며 웅성거려요. 뭐 이런 귀한 시간에 이런 중을 데려와서 똑같은 이야기만 하고 있느냐는 거죠. 어떤 분은 수련 중인데도 나가버렸어요. 여기도 나가고 저기도 나가는데 저는 끝까지 버티고 앉아서 넥타이도 물어보고, 옷도 물어보고, 양말도 물어보고, 닥치는 대로 다 물어봤어요. 그랬더니 돈 주고 샀다, 만들었다, 주웠다, 얻었다 등등 온갖 이유가 많았어요. 보통 한두 번 묻고 그 이상은 안 물어보지요. 그런데 계속 물으니까 다들 지루해서 미칠 지경이 되었습니다. 이렇게 한 시간이고 두 시간이고 계속 하니까 절반은 나가 버렸어요. 이렇게 자꾸 돌아가다가 배정된 시간이 거의 다 되었어요. 이미 절반은 자리를 뜨고 없었지요. 그런데 한 목사님이 갑자기 말씀하시는 거예요.

"아! 주님의 은혜를 입었습니다."

그러니까 사람들이 전부 다 그 목사님을 쳐다봤어요. 오늘 우리는 주님께서 한 스님을 통해서 이렇게 분명히 역사役事하심을 봤다는 거예요. 그러더니 이어서 이렇게 말했습니다.

"여러분, 이게 어떻게 다 우리 겁니까? 이건 창조주 하나님의 것입니다."

그러니까 일순간에 분위기가 확 엄숙해져버렸어요. 따져보면 그렇죠. 이 세상 모든 것은 머리카락 한 올까지 다 창조주 하나님께서 만들었다고 하지요? 그런데 여기에 내 것이 어디 있겠어요, 모두 주님 것일 뿐입니다. 그런데 세상 사람들에게 이 세상은 모두 하나님 것이라고 끊임없이 가르쳐온 목사가 온갖 것을 다 내 거라고 죽기살기로 고집하는 식이었던 겁니다.

이게 우리들의 허상이에요. 이론적으로 따지면 너무나 당연하게도 이건 내 게 아니라 하나님 것이지요. 일체가 다 그래요. 그런데 목사님들이 다 자기 것이래요. 내 거라고 말하는데 의심의 여지가 없고, 동시에 설교할 때는 하나님 거라고 하는데 의심의 여지가 없는 거예요. 이렇게 내 거라고 고집을 하는데 어떻게 하나님의 음성이 들리고 주님이 오신들 눈에 보이겠어요? 그러니 이제 분위기가 확 달라졌어요. '아, 진짜 우리가 눈먼 소경들이구나.' 하고 돌아보는 겁니다. 그러니까 이렇게 진실을 보여줘도 보지 않으려 들고 눈을 감은 채 내 거라고 고집했어요.

이 말만 하고 제가 마무리했으면 아마 이분들과 제 관계가 엄청나게 좋았을 겁니다. 구름이 끼었다 걷히면서 햇살이 내리쬐고 비둘기가 날아 내리듯이 주님의 은혜가 내렸겠지요. 그런데 숙연한 분위기가 진정될 때 제가 또 물었어요.

"그거 누구 거예요?"

"하나님 거예요."

"어째서 하나님 거예요?"

"하나님께서 창조하셨으니까요."

"창조했다니 만들었다는 말이지요? 그럼 자동차는 왜 노동자가 만들었는데 노동자 게 아니에요? 왜 이것만 하나님이 만들었다고 하나님 거예요?"

"아, 이거랑 그거는 차원이 다른 이야기예요. 주님이 이 세상을 창조하셨기 때문에 주님 거예요."

"왜 주님 거예요?"

"주님이 만드셨으니까요."

"만드셨는데 왜 주님 거예요?"

여기서 팍 막혀버립니다. 지금까지는 이상한 중이긴 해도 봐줬는데 이제는 하나님을 전면으로 거부한다 이렇게 생각한 겁니다. 여기서부터는 딱 듣지 않으려고 해요. 은혜받고 깨쳤는데 거기다 또 물어대니까요.

그런데 이 또한 마찬가지입니다. 내 거니 네 거니 하는 문제가 아니에요. 내 거니 네 거니 시비하는 것은 있다, 없다를 시비하는 것과 똑같습니다. 여기서 말하려고 하는 것은 내 거니 네 거니 하는 것을 뛰어넘는 저 너머의 새로운 세계입니다. 내 거다, 네 거다 하고 밤새도록 논쟁해도 증거가 없어요. 그냥 고집일 뿐입니다. 만들었으니까 내 거고 샀으니까 내 거라는 거예요. "그러는 너는 안 그러냐? 너의 시계는 누구 건데?" 이런 반항이나 오기, 고집을 피우는 수밖에 없습니다. '내 거, 네 거'를 뛰어넘어 이 질문을 진지하게 들어야 합니다.

법전 몇 쪽에 있고 자본주의 사회가 어쩌고 이런 건 다 필요 없는 이야기입니다. 여기서 새로운 세계로 나가야 해요. 백척간두 진일보해야 하는 거예요. '내 것, 네 것'을 뛰어넘어 갔을 때 거기에 새로운 세계, 밝은 진리의 세계가 열립니다. 어두운 방에 있다가 문 열고 환한 밖으로 나가는 것과 같아요. '아, 그렇구나' 하는 깨달음은 '알았다'가 아닙니다.

'내 것이구나', '네 것이구나', '하나님 것이구나' 하고 아는 것이 아니에요. '그렇구나' 하는 순간 모든 번뇌가 사라집니다. 모든 번뇌가 사라지고 그대로 마음이 편안해집니다. 어두운 방에 불이 켜진 것과 같습니다. 질문에 저항도 생기지 않고 고민도 되지 않아요. 백 번을 물어도 입에서 말이 그냥 술술 나옵니다. 지루하지가 않다는 겁니다. 그러면서 다른 사람을 보면 그 고집불통인 모습, 자기 눈 감고서는 세상이 어둡다고 소리지르는 모습이 그때야 보입니다. 그전에는 보이지 않아요.

그래서 우리가 이 허상에서 벗어나야 합니다. 쓰고 있는 줄도 몰랐던 색안경을 적어도 한 번은 벗어봐야 해요. 도로 끼고 살더라도 한 번은 벗어봐야 합니다. 안 그러면 자기가 얼마나 꿈속에서 헤매는지 몰라요. 꿈을 꾸고 살더라도 꿈인 줄은 알아야 해요. 연극을 보면서 울고불고하더라도 진짜가 아니라 연기인 줄 알고 울어야지요. 우리는 인생을 마냥 뜬구름처럼 삽니다. 꿈속에서 헤매듯이 몽롱하게 살아요. 그러니 별거 아닌 것을 가지고 매일 죽느니 사느니 아우성을 치지요.

모르는 줄 아는가

   명백히 옳고 그르다고 생각했던 문제도 깊이 탐구해 보면 그렇지 않은 경우가 많습니다. 계율은 어떤가요? 오계五戒의 내용은 굉장히 명확해서 어겼을 때 바로 알 수 있을 것 같지요. 그러나 실제로 적용해 보면 그렇게 간단하지 않습니다. 제가 여기 소주 한 잔을 갖다놓고 벌컥벌컥 마셔버리면 계율을 파했을까요? 파했지요. 왜요? 술을 마셨으니까요. 그런데 소주 한 잔이 100cc라고 합시다. 여기서 제가 50cc만 마시면 계율을 파했을까요? 그러면 10cc는 어때요? 1cc는요? 0.1cc는요? 박카스 한 병에 든 알콜이 0.01cc는 되는데 제가 박카스 한 병을 마시면 계율을 파했을까요? 그렇게 따지면 사실은 물 한 잔, 주스 한 잔도 못 마십니다.

   그럼 반대로 마셔도 된다고 하면 어떤가요? '1cc 정도는 괜찮다'고 해

봅시다. 그러면 1.5cc는 어때요? 괜찮겠죠. 2cc는요? 3cc는요? 이렇게 가다 보면 두 말, 열 말을 마셔도 괜찮다고 해야 합니다.

그래서 이것이 간단한 문제가 아니에요. 그냥 상식적으로는 마시면 안 된다고 말들 하지만 박카스 한 병만 마셔도 취해서 정신이 없는 사람이 있고, 반대로 맥주 한 잔 마시고 아무렇지도 않은 사람도 있지요. 그러면 박카스 한 병 마시고 취한 사람과 맥주 한 잔 마시고 멀쩡한 사람 중 누가 문제일까요? 이렇게 구체적으로 들어가면 문제가 대단히 어려워져요. '마셔도 취하지만 않으면 된다'고 하면 될까요? 술 마신 사람 치고 자기가 취했다는 사람 본 적 있습니까? 그러면 취했는지 안 취했는지를 어떻게 알겠어요? 자기가 안 취했다고 하면 정말 안 취한 걸까요?

이렇게 깊이 들어가면 '마셨나, 안 마셨나'로 해결되지 않습니다. 계율을 '어겼나, 안 어겼나'로 말할 수 없는 세계로 가요. 어겼다 해도 말이 안 되고 어기지 않았다 해도 말이 안 되지요. '어겼다, 안 어겼다'를 뛰어넘은 세계로 가야 합니다. 그리고 거기서 다시 '어겼다, 안 어겼다'의 세계로 돌아와야 합니다.

결혼한 여자가 외간 남자와 잔 경우를 봅시다. '삿된 음행을 하지 마라.'라는 계율을 어겼습니까, 안 어겼습니까? 어겼지요. 포옹만 했다면 계율을 어겼습니까, 안 어겼습니까? 손만 잡았다면요? '어겼다' 하면 한 방에 있기만 해도 어기게 돼요. '안 어겼다' 하면 잠자리를 같이 해도 어기지 않은 것이 됩니다. 둘이서 바라보고만 있었어요. 어겼을까요, 안 어겼을까요? 안 어겼어요. 그러면 자꾸자꾸 가까이 가서 새끼손가락을 살짝 댔어요. 어겼을까요, 안 어겼을까요? 요만큼 옷자락을 잡으면 어때요? 껴안기만 했다, 부비기만 했다, 모두 마찬가지입니다. 이렇게 조금씩 들어가면 어디쯤이라고 선을 그을 수가 없어요.

그래서 '어겼다, 안 어겼다'로는 해결이 안 돼요. 그것을 뛰어넘은 세계로 가야 합니다. 거기서 다시 돌아와서 어기고 안 어기고를 논해야 해요. 내 거 네 거를 뛰어넘어 저 세계에 갔다가 다시 돌아와서 내 거 네 거를 논해야 한다는 말입니다. '있다, 없다'를 뛰어넘어, 다만 '있다, 없다'라고 말할 뿐임을 알아야 해요. 그렇지 않으면 이것은 허수아비일 뿐입니다. 있니 없니 내 거니 네 거니 어겼니 지켰니 야단들이지만 다들 뭘 모르고 하는 소리예요.

자기가 정말 모르는 줄 알면 입도 벙긋할 수 없습니다. 정말 모르는 줄 알면 시비를 할 수가 없어요. 지금 내가 꽉 막혀 있는데, 생선 가시가 목에 걸리듯 의문이 뱉어지지도 않고 넘어가지도 않고 걸려 있는데, 다른 사람 신경 쓸 여유가 어디 있겠어요? 이럴 때에야 오직 '이 뭣고?'라는 것에 몰두가 됩니다. 오나가나, 앉으나 서나, 밥을 먹으나 똥을 누나, 오직 거기에만 몰두하게 되지요.

그런데 다들 어떻게 공부하고 있습니까? 화두를 든다고 하지만 이야기하다가 놓아버리고, 가다가 놓아버리고, 오다가 놓아버립니다. 멍하니 앉아서 '죽비 빨리 안 치나' 이러고 꾸벅꾸벅 졸다가, 죽비 치고 마치면 신이 나서 화장실 다녀오고 밥 먹느라 바빠요. 그러니 아무리 오래 붙들고 있어도 문제가 해결되지 않습니다. "이건 내 거야, 죽어도 내 거야."

이렇게 우긴다고 내 것이 되면 얼마나 좋겠습니까마는 실상은 그렇지가 않아요. 교통사고 나서 숨이 탁 넘어가는 순간 "이건 내 거야."라고 우기던 그 시계가 풀려서 땅에 떨어졌어요. 그 순간 시계는 누구 걸까요? '내'가 죽어버렸는데 그래도 '내 것'일까요? 우리는 이런 허구 속에 살고 있어요. 꿈이 꿈인 줄 알아야 꿈에서 깨어날 수 있습니다. 설령 깨지 못해도 꿈인 줄 알면 최소한 속지는 않습니다.

그러니 허무맹랑하게 살지 말고 진지하게 탐구해야 합니다. 어떤 일이나 현상을 보면 그것의 본질이 무엇인지 알려고 노력해야 합니다. 그런데 우리는 게으릅니다. 사고의 게으름을 타성惰性이라고 하지요. 늘 타성에 젖어 살다보니 하루하루가 똑같습니다.

모르면 배워서 알아야 합니다. 질문을 받았는데 모르겠으면 어디 가서 찾아보든 누구에게 물어보든 해야 하나라도 더 알게 되잖아요. 그러니 모르는 것은 좋은 일입니다. 나쁜 게 아니에요. 지금까지 알고 있던 모든 것들이 무용지물이 되어버리는 순간에도 멈추지 않고 나아가면 새로운 것을 깨닫게 됩니다. 완전히 새로운 세계를 알게 돼요. 괴롭다고 신세타령만 하지 말고 자기 인생을 직시해야 합니다.

'깨달음의 장'에 다녀오라고 했더니 어떤 분이 이렇게 말합니다.

"스님, 제 친구가 다녀왔는데 뭐 가기 전이나 똑같던데요."

맞습니다. 며칠 다녀왔다고 뭐가 그렇게 크게 바뀌겠어요? 그러나 알고 보면 그렇지 않습니다. 내 눈에는 똑같아 보이지만 그의 세계는 달라요. 그도 나와 똑같이 괴로워하고 헤매지만 그래도 세계가 달라집니다.

인생은 다른 누가 평가할 수 없어요. 그래서 한번 이런 세계를 맛보았으면 맛본 것을 확대해가고, 맛을 못 봤으면 한번 맛을 봐야 해요. 그런데 맛을 못 본 사람은 아예 그런 맛이 있는지조차 모르고, 맛을 본 사람도 그때 잠깐뿐 다시 놓치고 헤매느라 진실의 세계가 꿈같이 보입니다. 자다가 잠시 눈 뜨고 깨긴 했는데 베개 들고 옆자리로 가서 또 자는 꼴입니다. 그래서 꿈이 현실이 되고 아까 잠깐 깼던 것이 도리어 꿈이 돼요. '아이고, 아까 그 꿈 좋았는데' 이렇게 아쉬워하면서 다시 꿈속에서 헤맵니다.

좀 더 진지하게 공부해야 합니다. 지금 우리의 삶이 그대로 화두입니다. 언제나 삶에서 부딪히는 일을 자세히 살펴야 해요. 타성적으로 보지 말고 새로이 돌아봐야 합니다. 그렇게 해야 무슨 일이 일어나도 흔들리지 않는 삶을 살아갈 수 있어요. 울고 있어도 슬픔에 빠지지 않고, 웃고 있어도 기쁨에 빠지지 않고, 병이 나고, 늙고, 사랑하는 사람이 죽어도 흔들리지 않을 수 있어요. 그래야 안심입명이라고 할 수 있지요.

삶
속에서
공부하라

물에 빠져서 살려달라고 허우적대지 말고

물에 빠진 김에 진주조개를 주워오세요.

어차피 장가 간 김에, 어차피 자식 낳은 김에, 어차피 부도난 김에,

어차피 암에 걸린 김에, 어차피 늙은 김에

괴로워하지 말고

깨칠 수 있는 기회를 찾아보세요.

늙었을 때만 깨칠 수 있는,

병이 났을 때만 깨칠 수 있는,

이혼했을 때만 깨칠 수 있는,

배신당했을 때만 깨칠 수 있는 도리가 있습니다.

원효元曉도 해골바가지 물을 마셨다가 토했을 때 깨달을 수 있었습니다.

깨달음이라는 것은 멀리 있는 것이 아닙니다.

마음이 일어나는 곳마다 거기에 있어요.

그것을 알아차리느냐 알아차리지 못하느냐에 따라서

세세생생 육도를 윤회하며 헤맬 수도 있고

단박에 해탈할 수도 있습니다.

깨끗함과 더러움, 둘 아닌 깨달음

　원효대사는 신라의 귀족 출신입니다. 신라는 제일 높은 계급이 왕족이고 그 다음이 육부 촌장들의 후예인 귀족, 그 다음이 평민, 마지막에 천민 계급으로 구성되었습니다. 이 천민들이 집단적으로 모여 사는 곳이 소所와 부곡部曲입니다. 신라시대에는 왕뿐 아니라 국가의 중요한 직책 대부분을 왕족이 차지했기 때문에 귀족인 육두품은 일정한 지위 이상은 오를 수가 없었습니다. 어느 사회든지 위대한 지도자와 사상가는 대부분 그 사회의 두 번째 계급에서 나오는 경우가 많습니다. 최상위 계급은 기득권에 젖어서 안주하기 때문에 사회의 모순을 제대로 보지 못하는 경우가 많습니다. 반면 너무 하층 계급은 하루하루 먹고 살기에 급급하기 때문에 세상의 진실을 찾아가는 데 어려움이 있지요. 그냥 순종하거나 저항할 뿐 새로운 것을 창조해 낼 힘은 부족합니다. 원효대사는 왕족이 아니라 육두품 출신이었기 때문에 사회의 모순을 발견하는 창조적이고 직관적인 눈을 기를 수 있었던 것인지도 모르겠습니다.

귀족 출신인 원효대사는 가정은 유복했지만 일찍 어머니 아버지를 여의고 조부모님 손에 자랐다고 합니다. 당시 대부분의 귀족들처럼 그도 청소년 시절에는 화랑도에 참여했는데 신분이 좋은 데다가 인물도 좋고 머리도 좋아서 출세 가도를 달렸다고 합니다. 당시 신라는 백제 및 고구려와 끊임없이 전쟁을 하던 중이었습니다. 신라의 젊은 화랑들은 기꺼이 자발적으로 참전해 적군과 싸웠고 원효대사는 전쟁에서 연전연승하면서 명성이 드높아졌지요. 그런데 어느 날 절친한 벗이 전사하고 말았어요. 그는 애통해하며 친구의 무덤가에서 칼을 빼어 들고 맹세를 했습니다.

'내 반드시 너의 원수를 갚아주리라.'

바로 그 순간, 원효는 얼마 전 전쟁에서 승리하여 적장의 목을 베어 들고 기뻐하던 자신의 모습이 떠올랐습니다. '내가 친구의 죽음을 슬퍼하며 원한을 품는 지금, 적들은 승리의 환호 속에서 기뻐하고 있을 것이고, 내가 얼마 전 전쟁에서 승리하여 기뻐하고 있을 때, 적들은 동료의 죽음을 슬퍼하며 원한을 품었겠구나. 그렇구나, 패자가 있으니 승자가 있구나.' 원효는 큰 충격을 받고 한순간에 크게 깨달았습니다.

이기고 지는 것이 얼마나 무의미하고 허망한지 깨달은 것이지요. 그래서 그는 자신의 높은 지위를 던져버리고 불문으로 출가하게 되었습니다. 스스로 머리를 자르고 자기가 살던 집을 절로 고쳐서 부처님 법에 귀의

해서 불도를 닦는 데 전념했지요.

이것이 원효의 첫 번째 깨달음이었습니다. 지금까지 '나'만 보고 살았는데 처음으로 '상대'를 본 겁니다. 한국만 보고 살았는데 일본을 보고, 남한만 보고 살았는데 북한을 보고, 남편의 입장만 있었는데 아내의 입장을 생각하고, 사업자의 입장만 생각했는데 노동자의 입장을 본 것이지요.

첫 번째 깨달음을 어떻게 해서 얻었을까요? '나'만 보다가 '그'를 보는 순간 깨달았습니다. 나만 보다가 그를 보는 순간에 나니 너니 이기니 지니 옳니 그르니 시비하는 것이 모두 다 허망한 짓인 줄 알게 되었습니다.

그런데도 오늘 우리는 아직도 나만 보고 살아가고 있습니다. 아내는 아내만 보고, 남편은 남편만 보며, 부모는 부모만 보고, 자식은 자식만 보고, 기업가는 기업가만 보고, 노동자는 노동자만 보고, 남한은 남한만 보고, 북한은 북한만 보고, 한국은 한국만 보고, 일본은 일본만 보면서 살아갑니다. 이걸 아상이라고 합니다. 우리는 아상에 사로잡혀 있기 때문에 진실을 보지 못합니다. 가려진 이면을 보지 못하지요.

그런데 원효대사는 '나'와 '너'를 함께 봄으로 해서 사물의 실제 모습인 진리, 실상에 눈을 떴어요. 눈을 뜨고 보니 지금까지 내가 가지고 있던 아상이라는 것은 허망하기 짝이 없었습니다. 옳니 그르니 이기니 지니 하는 것이 모두 한여름 밤의 꿈일 뿐이었어요. 꿈에서 깨어나야 꿈이 허망한 줄 알지, 꿈에서 깨기 전에는 꿈이 허망한 줄 모릅니다. 원효대사는 모든 상이 다 허망한 줄 알았기에, 옳니 그르니 하는 이 삶이 꿈 같은 줄을 깨쳤기에 더 이상 세속에 머물러 있을 필요가 없어졌어요. 이걸 깨닫지 못한 채 출가를 하면 출가한 뒤에도 계속 세속의 허망한 시시비비에서 벗어나지 못하지요. 그러나 원효대사는 세속이라는 것이, 세상의 부귀영화라는 것이 마치 한여름 밤의 꿈과 같은 줄 스스로 깨쳤던 것입니다.

이렇게 스스로 깨닫고 난 후 수행에 몰두하는 힘은 마음속에 온갖 세속의 미련을 떨쳐버리지 못하고 엉거주춤하니 수행하는 것과는 엄청난 차이가 납니다.

원효대사는 출가한 후 열심히 정진하였습니다. 부처님의 팔만대장경 속 갖가지 말씀을 공부해 보니까 부처님께서는 이미 2,000여 년 전에 그 진리를 훤히 깨치셨어요. 원효대사는, 왜 이 좋은 법을 이제까지 몰랐던가, 왜 여기 진수성찬을 차려놨는데 그건 먹지 않고 지금까지 쓰레기통만 뒤지며 살았을까 싶었습니다. 한번 법의 맛을 보니 다른 어떤 것에도 관심이 없어졌어요. 그는 정진에 정진을 거듭했습니다. 그러다 보니 당시 신라에 있던 모든 불교 경전과 주석서를 다 보았습니다. 그러나 그 당시 신라에서 접근할 수 있었던 경전은 불경의 아주 일부에 불과했습니다. 아직도 인도의 경전이 중국어로 다 번역되지 않았고, 그나마 중국에서 번역된 불경들도 신라에는 일부밖에 수입되지 않은 상태였으니까요. 당시의 중국, 당나라에 가면 부처님의 가르침을 담은 수많은 경전을 새로이 접할 수 있었어요. 그러니 구도자로서 어찌 당나라에 갈 마음을 내지 않겠어요.

　당시에는 신라·고구려·백제의 삼국 갈등 때문에 신라에서 당나라로 가는 길이 녹록치 않았습니다. 육로는 고구려에 막혀 있고 해로는 백제에 막혀 있었어요. 나라에서 특별히 배편을 내어 사람을 보내는 경우가 아니라면 일반인은 출입하기가 어려웠습니다. 그런데도 원효는 절친한 도반인 의상義湘과 함께 목숨을 걸고 도를 구하러 중국에 가자고 뜻을 모았어요. 그래서 고구려를 통해서 중국에 가는 방법을 선택했습니다. 그런데 신라에서 고구려로 국경을 넘어가다 그만 고구려 국경 수비대에 잡혀버렸습니다. 전쟁 중에 신라 사람이 넘어왔으니 승려로 위장한 간첩이라고 오해를 받은 것입니다. 어쩌면 고구려 입장에서는 당연한 것이겠지요. 그래서 두 스님은 처형당할 위기에 처했습니다.

　그런데 마침 그 군인들 중에 어느 정도 지위가 있는 사람이 불자였는지 요모조모 아무리 살펴봐도 두 사람이 간첩으로 보이진 않고, 진짜 스님 같은 겁니다. 그러나 자기 지위에서는 어떻게 살려줄 힘이 없으니까 밤에 몰래 감옥 문을 열어두어 도망가도록 도와주었습니다. 자기가 놓아주는 것보다 포로가 알아서 밤에 탈출해버리면 직접적인 책임은 어느 정도 면할 수가 있으니까요. 이렇게 해서 두 스님은 다시 신라로 돌아오게 되었습니다.

　한 번 죽을 뻔했으면 포기할 법도 한데 원효는 구도의 열정이 너무 강해서 포기할 수가 없었어요. 육로로 안되면 해로로 가면 되지 않겠는가 해서 이번에는 해로로 가기로 마음을 먹었습니다. 신라는 진흥왕 때

백제와 힘을 합쳐 고구려를 물리치고 백제의 옛 땅인 한강 유역을 차지했습니다. 그리하여 신라는 지금의 경기도 지역의 뱃길을 통해 산둥반도로 가서 수나라와 왕래했고, 나중에는 당나라와도 교류했습니다. 백제와 고구려가 신라를 침공했을 때도 이 길을 통해서 당나라에 지원을 요청했습니다. 그래서 원효도 이번에는 해로를 통해서 당나라로 가야겠다고 마음을 먹었던 것입니다.

배가 뜰 때까지 부둣가에서 며칠을 기다리는데 밤에 갑자기 비가 쏟아졌습니다. 둘러보니 자그마한 동굴이 하나 있어서 다행히 비를 피할 수 있었습니다.

동굴 안에서 쉬고 있을 때, 깜깜하니 보이지도 않는 가운데 목이 너무 말라서 주변을 더듬었습니다. 마침 거기에 무슨 바가지 같은 게 하나 있어서 그 바가지로 흐르는 빗물을 받아 마셨습니다. 목이 마르던 차에 물을 아주 달디 달게 잘 마셨지요. 그리고 잠들었다가 아침에 일어나서 그 바가지를 봤더니 바가지가 아니라 해골이었어요. 그걸 보는 순간 구역질을 하고 토해버렸습니다. 그런데 그 토하는 순간에 크게 깨쳤던 거예요.

'어제 저녁에는 그렇게 달콤하더니 오늘은 왜 이렇게 역겨운가? 바가지가 다른 바가지인가? 아니다, 같은 바가지다. 물이 다른 물인가? 아니다, 같은 물이다. 같은 물, 같은 바가지인데 어찌하여 어제는 그렇게 달콤하고 오늘은 이렇게 구역질이 나오는가? 달콤한 것은 물이 깨끗하다 생각했기 때문이고 구역질을 하는 것은 물이 더럽다고 생각했기 때문에 그렇다. 그런데 같은 물이고 같은 바가지이다. 그러니 더럽고 깨끗함은 모두 마음에서 일어나는 것이구나. 더럽고 깨끗함이 바가지에 있는 것이 아니고 물에 있는 것도 아니고 모두 다 내 마음에 있구나.'

그는 깨달은 기쁨에 벌떡 일어나 덩실덩실 춤을 추었습니다.

'마음이 일어나니 온갖 법이 일어나고 마음이 사라지니 온갖 법이 사라지네.'

원효의 이 깨달음에 대한 이야기는 다르게 전해오기도 합니다. 원효가 비를 피해 동굴 안에서 편안히 잘 자고 아침에 일어나서 보니까 자기가 잔 곳이 동굴이 아니고 무덤이었어요. 무덤인 줄 알고 나니 이튿날 밤은 도저히 잠을 잘 수가 없었습니다. 눈만 감으면 귀신이 나타나고 악몽을 계속 꾸니까요. 그때 그는 크게 깨달았습니다.

'무덤인 줄 알기 전에는 그렇게 편안하게 잠들 수 있었는데 무덤인 줄 알고 나니 이렇게 마음이 불편하구나. 무덤이라고 하는 그 한 생각 때문에 마음에 온갖 번뇌가 일어나는 거구나. 똑같은 잠자리인데, 어제도 이곳이고 오늘도 이곳인데, 어제는 그렇게 잘 잤건만 오늘은 이렇게 마음이 뒤숭숭하니 신성하고 부정함은 다 마음 가운데 있구나.'

이야기가 어떻게 전해지든 깨달은 내용은 아래와 같이 똑같습니다.

마음이 일어나니 온갖 법이 일어나고
마음이 사라지니 온갖 법이 사라지네.
삼계三界가 오직 마음일 뿐이요, 만 가지 현상이 오로지 식識일 뿐이네.

마음 밖에 법이 따로 없거늘, 어찌 별도이 구하겠는가!

心生卽種種法生 心滅卽種種法滅

三界唯心萬法唯識 心外無法胡用別求

법이 중국에 있는 것도 아니고 법이 인도에 있는 것도 아니고 법이 경전 속에 있는 것도 아니고 오직 마음 가운데 있는데 어찌 밖을 찾아 헤매겠는가! 제법이 다 마음 가운데 있음을 깨달았으니 수고로이 중국까지 갈 필요가 없다고 생각한 원효는 곧바로 서라벌로 돌아왔습니다. 그러나 의상은 그대로 중국으로 유학을 가서 중국 화엄종華嚴宗의 2대 조사인 지엄 화상智儼和尙에게서 공부를 하고 그 화엄종을 한국에 가져와 신라 화엄종의 초조, 개산조開山祖가 되었습니다. 원효는 스스로 깨달아 신라 해동종海東宗의 초조가 되었지요. 요즘 말로 하자면 의상은 유학파이고 원효는 국내파인 셈입니다.

원효는 이때부터 온갖 경전을 다시 보았는데 이해되지 않는 내용이 없었어요. 모든 대승경전은 결국 『반야심경』에서 이르는 색즉시공色卽是空 공즉시색空卽是色, 즉 제법이 다 공한 도리를 이르고 있기 때문입니다. 일체가 다 마음 가운데 있는데 그 마음이라는 것이 사실은 실체가 없다는 것이지요. 그래서 원효는 경전의 주석서를 많이 쓰게 되었습니다. 스스로 깨달은 후에 경이나 논을 읽고 글을 쓰니 경을 이해하기 쉬우면서도 내용이 깊고 풍부했습니다. 원효의 주석서를 읽는 이마다 탄복했지요. 똑같은 경전으로 법문을 해도 스님에 따라 쉽기도 하고 어렵기도 한 것과 마찬가지예요. 문자를 그저 해석하는 데 머무는 사람도 있고 실생활에 와 닿는 예를 들어가며 쉽고 풍부하게 전달하는 사람도 있지요.

중생을 외면하다

　풍부한 지식과 밝은 지혜로 원효는 금방 유명해졌어요. 신라에서 손 꼽히는 위대한 학승, 고승의 대우를 받게 되었지요. 나중에는 선덕여왕 善德女王의 총애를 받아 분황사芬皇寺 주지로 머물기도 했습니다.

　그런데 하루는 원효대사가 외출했다가 돌아오는 길에 대안대사大安大師 라는 분을 만났어요. 이 대안대사라는 분은 이름이 없고 신분이 불분 명한 객승, 떠돌이 스님이었습니다. 그런데 늘 탁발을 다니면서 "대안, 대 안, 대안, 대안이로다." 이렇게 소리치고 다니니까 그 말을 따서 대안대 사라고들 불렀습니다. 대안은 큰 대자에 편안할 안자입니다. "모두들 크 게 편안하여지이다." 이렇게 말하며 다닌 거예요.

　당시 신라는 자장율사가 승통이 된 이래로 계율 체계가 갖추어져 출 가승들의 규율과 조직 체계가 잡힌 상태였습니다. 그리고 출가한 스님들 대부분이 왕족들이었어요. 왕궁에서 불교를 옹호하고 후원해주는 분위기였기 때문에 점점 불교가 널리 퍼지면서 특권화되어갔습니다. 승려들이 중국으로 유학을 다녀와서 사회 리더십을 발휘하고, 또 승려의 지위가 높아지면서 불교가 빠르게 전파되기도 했지만 한편으로는 세속 권력과 결탁하는 일이 많아졌어요. 그래서 당시 이런 것을 비판하는 소리, 즉 민중불교가 나타나기 시작합니다. 민중불교를 이끄는 승려들은 대부분 출신 성분이 종이나 천민이었기에 스님이 되어도 지위가 올라가지 못했어요. 당시의 신분계급은 그만큼 절대적이었습니다. 부처님은 적어도 출가승단 안에서는 신분제도를 완전히 철폐했지만 신라에서는 그러기가 어려웠어요. 그러다 보니 실제로 법력은 더 높은데도 출신 신분이 낮아 사회적으로 인정을 못 받는 고승들이 많았습니다. 『삼국유사』에는 이런 분들의 기록이 여럿 나옵니다.

대안대사도 당시 신라 사회에서 인정해주는 주류가 아닌 비주류로 초야에 묻혀 지내는 분이었어요. 법력이 있는 스님이긴 했지만 고승 대우를 제대로 받지 못했습니다. 그러나 원효대사는 대안대사를 존경했습니다. 그런 두 사람이 하루는 길에서 딱 마주친 것이지요. 한 명은 젊지만 국가가 인정하는, 다시 말해 정부와 왕이 인정하는 고위직 승려이고 한 명은 노승으로 내공은 탁월하지만 세상으로부터는 인정받지 못하는 초야의 승려였지요. 그때 대안대사는 자기보다 훨씬 연배가 아래인 원효대사를 칭찬했어요. 당신이 요즘 쓴 글을 봤는데 대단히 훌륭하고 지혜가 번뜩인다고 칭찬을 하면서 이야기 좀 하자고 하니 원효대사도 응할 수밖에 없었어요. 원효대사는 대안대사를 따라 분황사 뒤 북천北川을 건너 갔어요. 당시 서라벌에서 북천 건너편에는 소·부곡, 즉 천민들이 모여 사는 곳이 있었습니다. 귀족은 천민 동네에 가지 않는 게 관행이었으니 원효대사도 가까이 살긴 하지만 한 번도 북천 건너 천민 동네에 가본 적이 없었습니다. 한 번도 가지 않았던 천민 거주지에 가려니 원효는 좀 꺼림칙했어요. 게다가 승려 신분에 그런 저잣거리에 가는 게 내키지 않았습니다. 그런데 대안대사는 천민 지역 중에서도 저잣거리의 주막으로 원효를 데려가서는 "주모, 여기 귀한 손님이 오셨다. 술 한 상 잘 차려내라." 하고 스스럼없이 앉는 거예요. '출가한 승려가, 그것도 이름난 고승이, 이렇게 보는 눈이 많은 저잣거리의 부정한 술집에 앉아 있다니! 아, 여기는 내가 있을 곳이 못 된다.' 이렇게 생각한 원효는 뒤도 돌아보지 않고 그 자리에서 나와 버렸어요. "원효! 원효!" 하면서 대안대사가 뒤에서 소리쳐 불러도 뒤도 안 돌아보고 가니까 대안대사가 다시 소리쳤어요.

"대사, 마땅히 구제받아야 할 중생을 여기 두고 어디 가서 별도이 중생을 구제한단 말인가?"

이 말은 원효에게 엄청난 충격을 주었습니다. 대승불교는 중생구제사상에 대한 것입니다. 또 더럽고 깨끗함이 둘이 아니라는 불이사상不二思想, 곧 공사상이 핵심이에요. 그런데 원효는, 이곳은 천민동네다, 주막이다, 부정한 곳이다, 내가 가면 안 되는 곳이다 하면서 아직도 세속적으로 분별하고 있었습니다. '이 사람은 천민이다. 여기는 더러운 곳이다.' 이것은 도와 전혀 맞지 않는 이야기입니다. 팔만대장경을 훤히 꿰뚫어도 경계에 부딪히니 실제로는 마음이 그렇게 되지 않는 거예요. 원효는 큰 충격을 받았습니다. 제법이 공하다는 공성空性을 확연히 깨쳐 알았음에도 불구하고 아직도 옳다 그르다, 깨끗하다 더럽다를 따지면서 경계에 부딪혀 분별심을 내고 상에 사로잡힌 것입니다. 바로 앞에 중생을 두고도 더럽다는 이유로 중생을 외면한 겁니다. 그러면서 어디 가서 중생을 따로 구제하느냐는 것이지요.

대안대사의 말 한마디에 충격을 받고 자신을 돌아보니 너무너무 한심했어요. 이걸 수행이라고 했나 싶었지요. 그래서 분황사 주지 자리를 버리고 변복해서 몸을 감춰버렸어요. 그러고 나서 지식으로가 아닌 몸과 마음으로 보살행을 하기로 결심하고 신분을 감춘 채 수백 명이 수행하는 큰 절에 불목하니로 들어갔어요.

당시에 큰 절에서 일하는 불목하니들은 신분상 천민들이었습니다. 부처님은 남녀노소 귀천을 모두 타파하셨지만 신라 불교에서는 승려들이 모두 귀족 출신이라 일을 안 했어요. 일은 죄다 하인들, 천민들이 했어요. 세속에서 벗어난 절이라고는 하지만 절에도 일만 하는 천민이 따로 있어서 그들의 노동 덕분에 승려들이 편안히 수행할 수 있었습니다. 높은 스님이 있는 큰 절에는 국가에서 땅을 하사할 뿐만 아니라 일할 노비도 함께 내려줍니다. 그러면 노비들이 일을 해서 그 경제력 위에 절이 운영되는 겁니다. 다시 말해 당시에는 아무리 위대한 승려라도 봉건사회의 가장 기본 질서인 신분제를 벗어나지 못했습니다.

당시 신라 사회가 봉건제도의 한계를 벗어나지 못했듯이 오늘날 우리나라의 모든 불교는 자본주의 제도의 한계를 벗어나지 못하고 있습니다. 사찰을 유지하려면 월급을 주고 노동자를 고용해야 해요. 지금 우리가 볼 때는 이게 아무 문제가 없는 것처럼 보이지만 먼 미래 사람들이 본다면 이것은 자본주의 시스템 안에 있는 것이지요. 그것처럼 신라 시대나 고려 시대에는 불교마저도 당시 봉건사회의 신분제를 벗어나지 못했어요.

그런데 이런 사회에서 원효는 스스로 노비 신분으로 들어가 스님들의 공양을 해드리는 불목하니가 됐습니다. 그런데 그곳에도 위계질서가 있어서 먼저 와 있던 불목하니의 구박이 심했습니다. 그러나 원효는 이미 보살행을 하겠노라 결심하고 일부러 신분을 숨기고 불목하니로 들어왔기 때문에 선임 불목하니의 갖은 구박과 음해를 모두 감내하면서 수행 정진을 해나갔습니다.

중생 속 중생

원효는 마당도 쓸고 장작도 패고 방에 군불도 때고 밥도 짓고 밭일도 하며 부지런히 보살행을 했습니다.

그러던 어느 날 마루를 닦는데 학승들 중에서도 가장 높은 단계의 공부를 하는 스님들이 둘러앉아서 『대승기신론大乘起信論』을 두고 토론하고 있었습니다. 『대승기신론』은 경론 중 가장 어렵다고들 합니다. 그러니 학승들의 토론이 이렇다저렇다 하며 한참 갑론을박이 오가는데 원효가 마루를 닦으면서 듣자하니 완전히 엉뚱한 소리들을 하고 있어요. 그래서 자기도 모르게 그만 끼어들어서 "스님, 그건 그런 뜻이 아니고 이런 뜻입니다."라고 참견을 하게 되었어요. 그러자 마루 닦던 노비가 스님들 공부하는 데 난데없이 끼어들어 쓸데없는 소리를 한다고 스님들이 화를 냈어요. 그 화내는 모습을 보고서야 원효도 자기가 잘못 나섰다는 사실을 알아차렸지요. 그래서 죽을죄를 지었다고 사정사정해서 겨우 위기를 모면했습니다.

공부하다가 판이 깨진 스님들은 스승을 찾아가서 하소연했어요. "스승님, 저희끼리는 아무리 이야기해 봐도 도무지 무슨 뜻인지 잘 모르겠습니다. 스승님께서 좀 설명을 해주십시오." 그러자 스승이 『대승기신론소大乘起信論疏』를 탁 내어 주었습니다. 바로 원효가 쓴 책이었어요. 그걸 읽어보니까 그렇게 어렵던 경전의 내용이 너무나 쉽고 일목요연하게 설명되어 있는 거예요. 감탄하며 살펴보니 아까 그 불목하니가 한 이야기와 같은 겁니다. 그러자 학승들은 이상한 생각이 들었어요. 돌이켜보니 평소에도 불목하니라 하기에는 좀 특이한 사람 같았어요. "최근에 원효 대사가 자취를 감추고 없어졌다는데 어쩌면 그분일지도 모르겠다. 내일 확인해봐야겠다." 이렇게 되었어요.

한편, 그 절에는 꼽추 스님이 한 분 있었는데 이 스님은 밥 먹을 때에 함께 밥을 먹지 않고 늘 때가 지나서야 부엌에 와서 누룽지 달라 뭐 달라 하니까 절에 사는 노비들마저도 이 스님을 얕보고 구박했어요. 원효 대사는 그 스님을 불쌍히 여겨 다른 불목하니들이 구박을 해도 잘 보살펴드렸어요. 늦게 오셔도 밥을 따로 챙겨놨다가 드리고 누룽지 달라 하면 누룽지 준비해 놓았다가 드리며 극진히 보살펴드렸어요. 이 스님은 딸랑거리는 방울만 하나 차고 다닌다 해서 사람들이 그냥 방울 스님이라고 불렀어요.

그날 밤, 자기 신분이 노출된 걸 짐작한 원효대사가 모두가 잠든 틈을 타 몰래 대문을 열고 절 밖으로 나가려는 순간, 문간채에 살던 방울 스님이 방문을 탁 열면서 "원효, 잘 가게!" 이러는 거예요. 이때 원효가 크게 깨쳤습니다.

원효는 방울 스님을 알아보지 못했지만 방울 스님은 원효를 알아봤던 겁니다. 마치 원효가 그 강원講院에 있는 스님들을 다 알아봤는데도 그 스님들은 원효를 보지 못했듯이, 방울 스님은 원효가 보살행을 한답시고 와서 신분을 속이고 지내는 일거수일투족을 지켜보고 있는데 원효대사는 방울 스님이 전혀 보이지 않았던 겁니다.

이때 원효가 깨친 내용이 무엇이었을까요? 대안대사의 충고를 자기가 이해했다고 생각하고 이렇게 보살행을 하고 있었지만 사실은 잘못 이해하고 있었다는 것을 깨쳤어요. "마땅히 구제 받아야 할 중생을 여기 두고 어디 가서 별도이 중생을 구제한다는 것인가." 하는 이 말을 원효는

"네가 깨끗함과 더러움이 둘이 아니라고 하면서, 또 일체 중생을 구제한다고 하면서 오히려 이 천민들을 더럽게 여기고 여기 실재한 중생을 외면하고 있구나. 그러면서 무슨 중생을 따로 구제한다는 것이냐?"

이렇게 알아들었어요. 그런데 지금은 그것마저 마음 밖에서 중생을 찾는 헛짓이었다는 것을 깨달은 것입니다. 대안대사의 말은 '어, 내가 여기 오면 안 되는데.' 하고 시비하는 마음을 일으키는 그것이 바로 중생이라는 뜻이었어요. 중생이라는 것이 밖에 따로 있는 것이 아니라 '여기는 천민 동네다, 여기는 술집이잖아, 내가 여기 오면 안 되지.' 하면서 지금 중생심을 일으키고 있는 네가 바로 중생이라는 겁니다. 그런 네 마음

을 지금 보라는 것입니다.

그 동안 원효는 방울 스님을 불쌍한 중생이라고 생각했습니다. 그래서 자비심을 베풀어 잘 보살폈습니다. 그런데 사실 방울 스님은 불쌍한 중생이 아니었어요. 불쌍하지 않은 존재를 불쌍하다고 생각하고 보살폈던 것처럼 중생이 아닌 것을 중생이라고 생각을 일으켜 놓고는 다시 또 그 중생을 구제하러 나섰던 겁니다. 그제서야 원효는 온전히 깨달았습니다.

걸림 없는 삶

　원효는 이제야말로 완전히 자유로워졌습니다. 천민들이 사는 소와 부곡으로 거침없이 갈 수가 있었어요. 그들을 구제하러 간 것이 아니에요. 중생이라는 것은 본래 없습니다. 시비심을 일으키는 내 마음이 중생심이고 중생심을 일으키는 그 순간 내가 바로 중생이지요. 그들은 중생이 아니고 본래 부처입니다. 그러므로 그들을 구제하러 가는 것이 아니라 부처님께 배우러 가는 거예요. 그래서 그는 겸손한 마음으로 배우기 위해 그곳으로 갔습니다. 예전에는 '그들은 마땅히 구제 받아야 할 중생이고 나는 그들을 구제해야 하는 책무가 있음에도 불구하고 꺼림칙해서 가지 않았지만, 이제는 용기를 내서 그들을 구제하러 내가 그곳으로 간다.' 이렇게 생각해서 간 것이 절에서의 불목하니 생활이었습니다. 그런데 돌아보니 구제할 중생이 본래 없는 거예요. 그래서 이번에야말로 거침없이 천민들이 사는 그 곳으로 갔습니다. 그들과 친구가 되고 그들과 더불어 노닐고 그들한테서 배우려고요.

그런데 또 다른 문제가 생겼어요. 천민들이 "야, 위대한 원효대사가 우리 동네에 오셨다." 하고 원효를 떠받들어 버렸습니다. 내가 예전에 그들을 더럽다고 외면했을 때도 친구가 될 수 없었지만 반대로 그들이 나를 성인으로 떠받들어도 친구가 될 수 없습니다. 전에는 내가 문제였는데 이번에는 그들이 문제인가요? 나는 이미 모든 상을 다 버리고 그들과 친구가 되고자 왔는데 이번에는 그들이 오히려 유명한 원효상에 사로잡혀서 위대한 존재로 떠받드니 이것은 저들의 문제라고 생각할 수도 있겠지요. 그렇다면 일체유심조가 아니지요. 그러면 어떻게 해야 할까요? 전에야 내 생각을 버리면 되지만 이번에는 그들이 생각을 바꿔줘야 하잖아요. 이미 자유인이 된 원효는 문제의 본질을 금방 꿰뚫어보았어요. 그 유명한 원효가 문제이니 그 유명한 원효를 버려야 했습니다. 그 유명한 원효라는 허상 때문에 그들이 허상을 쳐다보고 있는데, 그 허상을 만든 것 역시 원효입니다.

그래서 원효는 공개적으로 요석공주瑤石公主와 스캔들을 일으켜 버렸습니다. 스님이라는 작자가 술을 마시고 취해 공주와 놀아났으니 어떻게 되었겠어요? 지금껏 원효대사를 우러러 존경하던 사람들이 하루아침에 원효를 나쁜 사람으로 여기게 되었습니다. 원효는 스스로 작을 '소小' 자를 써서 '소성거사小姓居士'라고 칭했습니다. 스님도 아니고 거사라는 거예요. 원효대사가 설총薛聰을 낳고도 자신을 스님이라고 주장한 것은 아닙니다. 원효대사는 스스로를 소성 거사라 이름 짓고 승려의 지위를 버렸습니다. 그러나 후대에도 계속 우리가 원효대사로 부르고 있는 것이지요.

이렇게 원효가 승려의 지위를 버리고 천하의 비난을 받으니까 원효는 졸지에 불쌍한 사람이 되어 버렸습니다. 무시당하며 사는 천민들이 보기에도 불쌍할 지경이 되었어요. 그러니까 오히려 그들은 원효를 기꺼이 보살펴주고 함께 어울려 놀아주었습니다. 원효는 이제 그들과 진짜 친구가 된 겁니다. 그래서 뽕 따는 아낙네, 뱀 잡는 땅꾼과 더불어 노래 부르고 춤추며 놀았어요. 점잖게 목탁을 치고 염불을 해야 승려일 텐데 오히려 바가지 두드리며 노래하고 춤추면서 돌아다녔어요.

그것은 어느 날 원효가 가만히 보니 자기가 설법을 하면 사람들이 꾸벅꾸벅 다 조는데 광대가 와서 한번 까불고 재주를 피우니 조는 사람 하나 없이 웃고 재미있어 하는 것을 보고 깨친 바가 있어서 그리 한 것입니다. 그 뒤로는 법문을 법상에 올라가서 엄숙하게 하는 대신 광대처럼 했습니다. 바가지를 두드리고 부처님 말씀을 노래로 만들어서, 요즘 말로 하면 유행가로 만들어서 노래로 부르고 춤을 췄어요. 이것이 바로 '무애가無碍歌' 걸림이 없는 노래이고 '무애무無碍舞' 걸림이 없는 춤입니다. 그렇게 천민들에게 불법을 전했습니다.

당시의 불교는 왕족과 귀족들만 믿는 지배층의 종교였지 일반 백성들과는 별 상관이 없는 종교였습니다. 그런데 원효가 불교를 일반 백성들에게 아주 쉽게 전해준 것입니다. 글자를 모르는 대부분의 백성들이 그저 '나무아미타불', '나무관세음보살'을 부르기만 해도 부처님 법을 알 수 있게 되었습니다.

그 후로 원효는 특정한 신분이 없이 살았습니다. 원효라고 하는 성품, 원효라고 할 만한 어떤 명분이나 직분이 없었어요. 스님이 법당에서 청소를 하면 '스님이 청소한다'고 하지만 그렇지 않습니다. 청소할 때는 청소부가, 농사를 지을 때는 그냥 농부가 됩니다. 장사를 하면 스님이 장사를 하는 게 아니라 그냥 장사꾼이 되어버리는 거예요. 이것이 「법성게法性偈」에서 이르는 불수자성수연성不守自性隨緣成입니다. 물이 그릇에 따라 모양을 바꾸듯이 '스스로의 성품을 지키지 아니하고 인연을 따라 이루어'집니다. 원효라고 할 수 있는 고정된 성품이 없이 그저 인연따라 역할을 다했을 뿐입니다. 이것이 바로 천백억화신千百億化身이에요. 그래서 우리나라에는 동굴이든 절이든 원효대사가 처음 지었다거나 원효대사가 수행했다는 곳이 많습니다. 원효라고 할 것이 하나도 없다 보니 원효 아니라고 할 것도 없어서 그렇습니다. 그러다 보니 온갖 곳에 원효가 나타나지요. 그런데도 막상 원효는 아무 데도 없는 거예요.

'무애행無碍行'의 기록 중에는 원효의 이야기가 하나 남아 전해집니다. 뱀 잡는 땅꾼 친구의 어머니가 돌아가셨어요. 그래서 이 천민 친구가 원효대사한테 같이 장례를 치르자고 했습니다. 천민이니까 관도 없어서 시신을 그저 멍석에 두르르 말아 둘이서 들고 가서 구덩이를 파고 묻었어요. 묻으면서 이 땅꾼이 원효에게 이야기하는 거예요. "지금은 머리를 길러 중이 아니지만 그래도 옛날에는 중 노릇 좀 했다 하니 우리 어머니

한테 염불 한 자락 해 다오."

그래서 원효가 아주 짧게 읊었습니다.

"태어나지 말지어다, 다시 죽는 것은 괴로움이요. 죽지 말지어다, 다시 태어나는 것 또한 괴로움이다."

윤회에서 벗어나는 해탈을 말한 것이지요. 이렇게 딱 한 구절을 했는데도 땅꾼이 듣더니,

"아이고 이 먹물아, 말이 많다. 좀 짧게 해라. 짧게 한마디로 해 봐."
이러는 거예요.

그래서 원효가 "생사고生死苦." 이렇게 딱 한마디 했어요. '나는 것도 죽는 것도 괴로움이다'라는 말이지요. 그러니까 땅꾼이 '이제야 좀 제대로 한다'고 만족해했습니다. 이것이 원효의 한 모습입니다.

마음이 일어나는 순간, 깨달음은 찾아온다

우리는 원효의 삶을 통해 깨달음의 단계를 살펴볼 수 있습니다.

이 세상에서 그저 부귀영화만을 쫓는 세속적인 삶을 『화엄경華嚴經』에서는 사법계事法界라고 합니다. 드러난 현상을 실재라고 여기는 사바세계, 현상계라는 말이지요. 그런데 이 모든 현상은 사실은 거품과 같고 그 드러나는 모습 이면에 본질의 세계가 있습니다. 이 본질의 세계를 이법계理法界라고 합니다.

원효는 자신만 생각하지 않고 상대를 보는 순간 바로 존재의 본질을 깨쳤습니다. 그 동안은 사법계에 살다가 이법계, 즉 진리의 세계로 옮겨 갔어요. 그는 진리의 세계에 흠뻑 빠진 나머지 죽음도 불사하며 진리를 탐구했습니다. 그러다가 무덤에서 해골바가지의 물을 마시고 이사理事가 둘이 아님을 깨달았습니다. 깨끗하고 더러움이 둘이 아님을 깨쳤어요.

이것을 이사무애법계理事無礙法界라고 합니다. 그러나 그는 다시 그 경계를 뛰어넘어 섰습니다. 현상 속에 걸림이 없는 현상이 그대로 실상임을 깨친 것이지요. 이것이 사사무애법계事事無礙法界입니다.

첫 번째 세계를 다른 말로 하면 더러움에 물드는 존재들입니다. 이런 사람은 게으른 사람과 같이 있으면 더불어 게을러지고 욕하는 사람과 같이 있으면 욕을 따라 배우고 도둑질하는 사람과 같이 있으면 도둑질하고 싸우는 사람과 같이 있으면 싸우게 됩니다.

두 번째 세계는 '까마귀 노는 곳에 백로야 가지 마라.'라는 말과 통합니다. 물들지 않으려고 이 더러운 세계를 멀리 떠나버리는 단계입니다. 그래서 담을 쌓고 깨끗한 세계에서만 노닐지요.

세 번째 세계는 더러움 가운데 있으면서도 더러움에 물들지 않는 것입니다. 진흙 속에서 피어나지만 진흙에 물들지 않는 연꽃의 세계입니다. 이런 사람은 담배 피우는 사람과 어울려 같이 있어도 담배를 피우지 않고 술 마시는 사람과 어울려 같이 있어도 술을 마시지 않고 거짓말하는 사람 속에 있어도 거짓말하지 않고 게으른 사람 속에 있어도 부지런합니다. 도무지 거기에 물들지 않습니다.

네 번째 세계는 걸레가 되어 더러움을 닦아내버립니다. 더러움에 물들지 않는 것이 아니라 나를 더럽혀 상대를 깨끗이 해버리지요. 진흙 속에서 피어나는 한 송이 연꽃이 아니라 그 한 송이 연꽃을 피우는 진흙이 되어버립니다. 이런 사람은 도둑질하는 사람, 거짓말하는 사람하고 어울려서 같이 도둑질도 하고 거짓말도 하며 다니는데 조금 있으면 그 친구들이 먼저 "야, 이제 도둑질 그만하자", "야, 이제 거짓말 그만하자." 이렇게 되어버립니다. 실제로 원효는 도둑떼에 잡혀서 강제로 그들을 따라다닌 적이 있는데 한참 있다 보니 수백 명이나 되는 도둑들이 다 출가해서 스님이 되어버렸습니다. 이것이 사사무애법계입니다.

  다른 비유를 들어 보면, 사법계는 바다에 배를 타고 놀러나갔다가 풍랑을 만나 배가 뒤집혀 물에 빠져서 살려달라고 아우성치는 사람들입니다. 놀러갔다가 놀기는커녕 죽게 되었다는 것이지요. 그래서 살려달라고 아우성을 치는 거예요. 이것이 범부 중생입니다. 행복하려고 결혼했다가 남편 혹은 아내 때문에 죽겠다고 아우성을 치고, 행복하려고 애를 낳았다가 자식 때문에 죽겠다고 울고, 돈 벌려고 사업을 벌였다가 사업이 망해서 죽겠다고 고함을 치면서 남에게 도와달라는 겁니다.

  두 번째 세계는 배 타고 바다에 나가면 풍랑에 휩쓸릴 테니까 큰 방파제를 딱 쌓아놓고 그 안의 호수에서만 배를 타고 노니는 겁니다. 그러면 아예 뒤집어질 일이 없겠지요? 결혼도 하지 않고 자식도 낳지 않고 사업도 벌이지 않으면 애초에 그런 문제로 괴로움이 생길 이유가 없습니다. 이것이 소승의 세계, 이법계의 세계지요. 그런데 큰 눈으로 보면 바다에 빠져 허우적대는 사람은 파도와 파도 사이에 갇혀 있고 호수 안에서 보트 타고 노는 사람은 호수 안에 갇혀 있지요. 갇혀 있다는 점에서는 모두 똑같습니다.

  세 번째 세계는 아주 큰 배를 만들어서 바람이 불든 파도가 치든 상관없이 넓은 바다를 배 타고 다니는 사람이에요. 아무리 거센 풍랑이 몰려와도 배가 난파하지 않고 오히려 그 파도와 바람을 이용해서 돛을 달고 자유로이 노닙니다. 이것이 대승보살의 세계, 이사무애법계의 세계입니다.

그런데 이 세 가지 세계의 공통점이 뭘까요? 어쨌든 물에 빠지면 안 된다는 겁니다. 물에 빠지지 말아야 하는데 첫 번째는 빠졌으니 최하수입니다. 두 번째는 물에 빠지지 않으려고 아예 바다로 나가지 않습니다. 세 번째는 빠지지 않으려고 배를 아주 크게 만들어요. 큰 배는 원력顯力을 비유한 것입니다. 큰 배를 타고 풍랑 속에서 자유자재하는 거예요. 그런데 여기에는 물에 빠지지 않는 자유만 있지 빠질 자유가 없습니다. 그래서 바다에 나가지 않거나 나간다면 작은 배가 아닌 큰 배밖에 못 탑니다.

그런데 네 번째 세계는 물에 빠진 김에 진주조개를 주워옵니다. 물에 빠지면 안 된다는 경계도 없습니다. 큰 배든 작은 배든 되는 대로 타고 놀다가 혹여 물에 빠지게 되면 진주조개를 캐옵니다. 해녀가 조개 캐러 물에 뛰어드는 걸 보고 물에 빠졌다고 하지 않습니다. 그렇다고 물에 빠지지 않은 것도 아닙니다. 겉으로 보면 물에 빠졌지만 사실은 물에 빠진 것이 아닙니다. 물 속에 있지만 허우적대지 않잖아요. 이것이 사사무애법계, 세상 속에서 걸림 없는 자유를 누리는 세계입니다.

원효는 처음에 '나'만 보다가 '너'를 보면서 세상의 무상함을 크게 깨쳤고, 해골바가지의 물을 마시면서 똑같은 물인데 한 번은 달게 마시고 한 번은 토해버린 경험을 통해 깨끗함도 더러움도 없는 일체가 유심조임을 깨쳤습니다.

그런데 원효는 일체가 유심조라는 것, 깨끗하고 더러움이 없다는 것을 이전에 이미 경전을 보고 머리로는 다 알고 있었지만 실재에 닥쳐서는 해골바가지 물이 더럽다고 여겨 토해버렸으니 이것은 몰랐던 것입니다. 그러나 모르고 있던 자신을 보게 되었어요. 토하는 순간 깨친 거예요. 본래 깨쳤으면 토할 이유가 없습니다. 물을 토했다는 것은 이미 경계에 끌렸다는 뜻이에요. 바로 그렇게 토하는 순간에 깨친 겁니다.

그리고 마지막으로, 중생이 바깥에 있어서 대승보살은 그 중생을 구제해야 한다고 생각했는데 본래 한 중생도 없음을 깨쳤습니다. 『금강경』에서는 '일체중생을 구원하겠다고 원을 세워야 한다. 그래서 일체중생을 다 구제해 마쳤다고 하더라도 사실은 한 중생도 구제받은 바가 없다. 왜냐하면 본래 중생이 없기 때문이다.'라고 했습니다. 원효는 바로 이 부분을 깨쳤습니다.

이렇게 우리가 늘 보고 듣고 부딪히고 시비를 일으키는 삶 가운데에 도가 있습니다. 시비하는 마음을 낼 때 자기가 그 마음을 내는 줄 알아야 하는데 우리는 그것을 모릅니다. 화를 낼 때 자기가 경계에 팔렸음을 깨쳐야 하는데 그것을 알아차리지 못합니다. 그래서 깨닫지 못하는 겁니다. 가만히 산 속에 혼자 생활하면 이렇게 깨달을 수 있는 기회가 오히려 더 적습니다. 그런데 세상 속에 살면 깨달을 기회가 엄청나게 많지요. 특히 부부 사이가 그렇습니다. 내가 공부되었는지 안 되었는지는 아내나 남편이 귀신같이 알고 점검을 잘해줍니다. 다른 누구도 그렇게 해줄 사람이 없습니다. 아무리 내가 공부된 척하고 큰소리치려 들어도 귀신같이 약점을 건드려서 확 뒤집어 놓아요. 그때 '어, 내가 경계에 끄달리는구나. 마누라가 나를 또 시험에 들게 하는구나.' 이렇게 알아차려야 합니다. 그래서 악처를 만나면 오히려 성불하기 더 쉽다고 하지요. 아주 실력 좋은 트레이너를 붙여놓은 셈이거든요. 점검해주는 데는 도가 튼 사람이에요.

그러니 삶 속에서 공부해야 합니다. 여러분들은 지금 1단계에 살고 있으면서 2단계를 그리워합니다. 그래서 1단계에서 2단계로 머리 깎고 출가했다가 다시 머리 길러서 3단계로 갔다가 4단계로 가려고 합니다. 그러나 1단계가 그대로 4단계임을 알아버리면 애초에 가고 올 것이 없습니다. 물에 빠져서 살려달라고 허우적대지 말고 물에 빠진 김에 진주조개를 주워보세요.

어차피 결혼한 김에, 어차피 자식 낳은 김에, 어차피 부도난 김에, 어차피 암에 걸린 김에, 어차피 늙은 김에 괴로워하지 말고 깨칠 수 있는 기회를 찾아보는 게 좋습니다. 늙었을 때만 깨칠 수 있는, 병이 났을 때만 깨칠 수 있는, 이혼했을 때만 깨칠 수 있는, 배신당했을 때만 깨칠 수 있는 일이 있습니다.

원효는 해골바가지 물을 마셨다가 토했을 때 깨달을 수 있었습니다. 그런데 여러분들은 원효가 해골바가지 물을 마시고 토하는 것과 같은 경험을 하루에도 수십 번씩 하면서 왜 못 깨치느냐 물으면 "아직 해골바가지 물을 못 마셨어요. 요새는 무덤이 없잖아요. 무덤이 있으면 저도 들어갈래요." 이럽니다. 이건 잘못된 생각이에요. 깨달음이라는 것은 멀리 있는 것이 아닙니다. 마음이 일어나는 곳마다 거기에 있어요. 그것을 알아차리느냐 알아차리지 못하느냐에 따라서 세세생생 육도를 윤회하며 헤맬 수도 있고 단박에 깨달아 해탈할 수도 있습니다.

참 좋은 기회

어느 날, 아는 보살님이 들뜬 목소리로 좋은 일이 있다며 전화를 주셨습니다.

"스님, 제 소원이 무엇이었는지 아시죠? 우리 남편이 드디어 절에 나왔어요!"

그 동안 이 보살님은 절에 나와 열심히 봉사를 하는데 남편은 부인이 하는 일에 절대로 참석하지 않았습니다. 절뿐 아니라 아예 부인이 나가는 자리에는 같이 나가지 않았지요. 그 동네에서는 무슨 행사를 하든지 부부가 동반해서 참여하는 경우가 많았습니다. 그래서 남편이 동행하지 않으면 불편하기도 하고 위신도 깎이는 일이 됩니다. 몇 번 반복되면 무슨 사연이 있나 보다 하고 사람들의 입방아에 오르기도 하지요. 그런데 오늘 불교인들이 부부동반으로 연말 모임을 가졌는데 남편이 참석했다는 겁니다. 그러니 얼마나 기분이 좋았겠어요? 오랜 기도가 성취되었다며 기뻐하는 그분에게 제가 이렇게 말했습니다.

"보살님, 호사다마好事多魔라고 하죠. 진정하시고 정진을 열심히 하십시오. 내 원하는 대로 되었다고 좋아하면 항상 재앙이 따릅니다. 좋은 일을 나쁘다고 하는 것이 아니라, 좋은 일은 좋은 일이지만 거기에 너무 들떠 기뻐하지는 마세요."

하루가 지난 뒤 그 보살님에게서 또 전화가 왔습니다.

"스님, 저 이혼하게 됐어요."

그래서 제가 "보살님! 어제도 좋은 일이지만 오늘도 좋은 일입니다."라고 축하해 주었습니다.

보살님의 사정은 이렇습니다. 남편은 의사인데 둘 다 좋은 대학 나왔고, 집안도 괜찮고, 얼굴도 괜찮은데 서로 자존심이 있으니까 남편이 보기에는 부인이 자기 덕 보는 것 같았고 부인이 보기에는 남편이 자기 덕 보는 것 같았습니다. 그렇게 서로 자존심을 내세우다 보니 연애결혼을 했는데도 살면서 마음에 조금씩 벽이 쌓였어요. 그래도 밖에는 절대 그런 티를 안 내고 살았지요.

그런데 부인이 보기에 남편이 병원 간호사와 수상한 느낌이었습니다. 물어보면 절대 아니래요. 병원에 직접 나가서 지켜보기도 했지만 별 소득이 없었어요. 다시 집에 들어온 뒤에도 늘 마음 한구석이 찜찜해서 한 번씩 따져 물으면 남편은 생사람 잡지 말라고 하지요. 이런 식으로 조금씩 냉랭해지다 보니 부부가 각자 바깥 활동을 하면서 꼭 필요한 자리가 아니면 가능한 한 같이 다니지 않게 되었습니다.

그렇게 지내던 중에 웬일로 남편이 아내의 행사에 참석해주니 부인으로서는 굉장히 고마운 일이었지요. 그래서 전에는 빨래도 서로 따로 했는데 고마운 마음에 남편의 와이셔츠며 옷을 세탁해주려고 꺼냈대요. 그런데 호주머니에서 며칠 전 날짜가 찍힌 극장표 두 장을 발견한 겁니다. 극장표를 보는 순간 화가 머리끝까지 나면서 '이 죽일 놈! 그 동안 날 철저히 속였구나. 증거를 잡았으니 이제는 빠져나가지 못하겠지.'라는 생각이 들었습니다. 그 동안에는 미심쩍어도 증거가 없었으니까요.

그래서 그 자리에서 차를 몰고 병원으로 향했어요. 진료 중에 들이닥쳐 환자를 내보내고 다짜고짜 바른 말하라고 다그쳤습니다. 무슨 소리냐고 놀라는 남편에게 지금까지 거짓말만 하지 않았느냐, 사실은 아무개 간호사와 이러저러한 사이 아니었냐고 따졌어요. 그 증거로 호주머니에서 찾은 극장표도 꺼냈어요. 아무개 간호사와 간 것 아니냐고 이실직고하라 하니 남편이 그만 "그래, 갔다. 어떡할래?" 이렇게 나왔다는 겁니다. 이래 놓고 무슨 낯짝으로 나하고 사느냐고 화를 내니 그러면 어쩌겠느냐, 당신 원하는 대로 해주겠다고 했대요. 그래서 "어쩌긴 뭘 어째. 이혼하자!" 했더니 "그래, 이혼하자."라는 대답이 돌아왔습니다. 이혼만은 안 된다고 싹싹 빌어도 용서할까 말까인데 오히려 흔쾌히 이혼하자는 거였어요. 그래서 이혼하게 되었다는 거예요. 남편과 함께 모임에 간다고 좋아한 지 하루 만에 이혼하게 된 것이지요.

제가 그 이야기를 듣고 말했습니다.

"야, 참 좋은 기회를 놓치셨네요. 아깝습니다."

깨달을 수 있는 절호의 기회를 놓쳤다는 뜻입니다. 극장표를 보기 전에는 남편이 그렇게 좋았는데 극장표를 보고 나니 철천지원수가 되었어요. 그러면 극장표 보기 전의 마음과 본 뒤의 마음 중 어떤 것이 본래 나의 마음인가요? 원효대사가 해골물을 마셨을 때도 마찬가지였습니다. 어제 해골바가지인 줄 모르고 마셨을 때는 그 물이 너무나 달콤했는데 오늘 해골바가지인 줄 알게 되니 똑같은 물인데도 더러움을 참지 못하고 토해버렸습니다. "더러워!" 하고 토하다가 탁 깨쳤어요. 그처럼 "이 죽일 놈!" 하는 것은 극장표에 있지 않습니다. 다 내 마음 가운데에 있어요. 육조 혜능대사는 이렇게 말했지요.

"조금 전 마음은 어떤 마음이고 조금 후 마음은 어떤 마음인가? 어떤 것이 너의 본래 면목인고?"

이렇게 깨달을 수 있는 기회가 하루에도 몇 번씩 찾아옵니다. 그런데 우리는 그걸 다 놓치고 원효의 해골바가지를 찾아 헤맵니다. 해골바가지 물을 마실 기회가 없어서 깨치지 못하는 줄 알고 있어요.

사랑이 미움이 되는 순간

사랑하기 때문에 미워한다는 말이 있지요? 아는 분 중에 이런 분이 있어요.

부인을 너무너무 사랑한 나머지 회사에 가 있어도 늘 부인 얼굴이 삼삼하니 떠올라요. 그래서 하루에도 몇 번씩 집에 전화해서 부인 목소리를 들어야 할 정도로 끔찍하게 사랑했습니다. 그런데 어느 날 시내에 볼일이 있어서 나왔다가 조금 일찍 끝나서 회사에 돌아가기 전에 부인 얼굴이라도 잠깐 보려고 집에 들렀어요. 놀래켜 줄 속셈으로 연락도 하지 않았지요. 집에 가서 가만히 문을 열고 들어갔더니 부인이 웬 남자와 같이 있는 겁니다. 그걸 보고 완전히 돌아버려서 결국 이혼하게 되었습니다.

부인 옆에 있던 남자가 친구일 수도 있고 다른 볼일이 있어 왔을 수도 있겠지요. 그러나 이 정도로 부인에게 집착하고 있는 사람은 이유가 뭐든 듣고 싶지 않습니다. 보는 순간 그냥 배신자로 생각해서 미쳐버려요. 그런데 이 순간이 깨달음을 얻을 기회입니다. 보고 싶어서 왔다가 딱 뒤집어질 때가 바로 해골바가지 물을 마시고 토할 때입니다. 그 순간에 탁 깨치는 거예요.

여러분들도 이런 기회가 많을 겁니다. 그러니 앞으로 이런 상황이 닥치면 깨칠 수 있는 절호의 기회임을 알고 놓치지 마세요. 남편이 어떤 여자와 극장을 갔고 바람을 피웠느냐가 중요한 게 아닙니다. 깨치고 나면 해골에 물 받아 마신 건 하등 중요한 일이 아니에요. 그런데 이런 일은 인생살이에서 하루에도 몇 번씩, 수도 없이 일어납니다. 안으로 돌이켜 나를 보면 이 모순을 볼 수 있어요. 밖을 보면 안 보입니다.

좋은 마음을 냈다가 결과가 나빠지는 경우도 마찬가지입니다. 오늘 법문 듣고 느낀 것이 참 많아서 이제부터 남편에게 잘해야 하는 마음을 냈어요. 그래서 남편에게는 물어보지도 않고 시장을 봐서 맛있는 음식을 한상 가득 차리고 술도 좋은 걸로 준비해 놓았어요. 저녁에 들어오면 술 한 잔 나누면서 "여보, 그 동안 내가 잘못했어. 미안해. 요새 힘들지?" 하고 위로해주려고 밥상을 차려놓고 기다리는데, 남편이 늦은 시간이 되도록 오지 않는 겁니다. 한 시간을 기다려도 안 와요. 마음속에서 '남편분'이 '남편놈'으로 변합니다. 이렇게 해서 한 시간, 두 시간, 세 시간이 지나면 어떻게 될까요? 이런 준비를 하지 않았더라면, 늦으면 늦으려니 아무 상관이 없는데 이런 준비를 했기 때문에 더 화가 나는 거예요. 그런데 상대편은 이런 사정을 전혀 모르지요. 남편이 드디어 들어왔어요. 늦게 들어온 것만 해도 화가 나는데 그래도 법문 들었다고 꾹 참고 밥상을 차려서 내갔습니다. 그런데 남편이 "나 밥 먹었어. 아직도 저녁 안 먹고 뭐했어." 이러면 폭발해버리죠.

이렇게 좋은 마음을 냈다고 반드시 결과가 좋은 것은 아닙니다. 나쁜 마음을 먹어서만 결과가 나쁜 게 아니라 좋은 마음을 먹어도 결과가 나빠질 때가 있지요. 때로는 좋은 마음을 먹기 때문에 그 결과가 더 나빠질 수도 있습니다. 우리는 '내가 이렇게 좋은 마음을 먹었는데 너는 왜 이렇게밖에 안 되느냐'고 화를 내지만 사실을 알고 보면 내 기대 때문에 생긴 일입니다. 이렇게 우리의 삶 속에는 늘 깨달을 수 있는 기회가 수도 없이 있습니다.

조금만 관찰해 보면 마음 가운데 두 가지 모순적인 것이 동시에 일어나 늘 교차합니다. 마음이 안으로 향하면 이게 보이는데 마음이 밖으로 향하면 이게 절대로 보이지 않습니다. 그래서 밖으로 향하면 '내가 너를 사랑하기 때문에 너를 죽일 수밖에 없다.' 이렇게 됩니다. 사랑하기 때문에 죽이고, 사랑하기 때문에 헤어지고, 사랑하기 때문에 미워한다는 겁니다. 안을 향해 보면 이게 자기 모순이에요. 밖을 보면 이 두 가지가 모순이 아닙니다. 이건 이래서 옳고 저건 저래서 옳아요. 사랑하면 사랑하는 대로 이유가 있고 미워하면 미워하는 대로 이유가 있습니다. 아내 입장에서는 '내가 당신을 사랑해서 이렇게 마음을 낸 것은 잘한 일이다. 그런데 당신이 내 마음도 모르고 늦게 왔으니 미워할 수밖에 없다.'라고 생각합니다. 그런데 남편은 무슨 일이 일어났는지 전혀 모릅니다. 그러니까 조금 전까지 헤헤 웃던 사람이 금방 광분하니까 '이게 미쳤나?' 싶겠지요. 우리는 늘 이렇게 이중적 모순 속에 살고 있습니다.

그래서 자기에게 속지 말자는 것입니다. 잘되었다 생각했던 것이 나중에 보면 잘못된 경우가 많아요. 그래서 자기 삶을 잘 살피며 살아가야 합니다. 깨달음은 우리의 일상적인 삶 속에 있습니다. 옛 선사들이 꼭 어디 산속에 가서 수행하다가 깨친 것만은 아니에요. 항상 자기 마음의 모순을 직시할 때 깨달음의 길이 열립니다. 그러니 밖을 보지 말고 안을 봐야 합니다.

탑 앞의 소나무가 되어라

우리는 늘 현재의 자기 직분을 놓칩니다.
무엇인가를 배우러 와 놓고는 남을 가르치는 사람도 있고,
가르치러 왔는데 그걸 방임하는 사람도 있고,
도움을 받은 것에 대해 감사해야 할 사람이
오히려 도움을 준 사람을 욕하기도 합니다.

지금
여기
왜

이 세 가지에 늘 깨어있으면
삶에 후회라는 건 있을 수가 없습니다.
지금 깨어있지 못하기 때문에
지나고 보면 후회할 일이 생깁니다.

탑 앞의 소나무가 되어라

　젊은 때 저는 기성불교에 대해 불만이 많았습니다. 불교가 이래서야 되겠느냐, 스님들이 이래서야 되겠느냐 해서 모두 새로 바꾸어야 한다는 생각으로 열심히 불교개혁 운동을 했습니다. 불교계를 혁신할 수 있다면 내 한 목숨도 기꺼이 버릴 수 있다는 생각으로 이것도 저것도 고쳐야 한다는 생각이 컸지요. 그러던 어느 날 제가 스승님 앞에서 이런 식으로 기존 불교에 대해 문제 제기를 하니까 스승님께서 딱 한마디만 하셨어요.

　"탑 앞의 소나무가 되어라."

　소나무가 어릴 때는 탑에 가려 자기가 보이지 않는다고 탑을 원망하지만 사실은 탑을 원망할 일이 아니라는 거예요. 소나무가 자라면 소나무가 오히려 탑을 가린다는 뜻이지요. 그러니 불평하지 말고, 남 탓하지 말고 너나 똑바로 하라는 말이지요.

또 한 번은 미국에서 처음 뵙게 된 한 노스님 앞에서 기존 불교에 대해서 막 비판을 하고 불만을 토로했어요. 두 시간쯤 문제점을 지적했더니 노스님이 제 말을 다 듣고 나서 이렇게 말씀하셨습니다.

"여보게! 어떤 한 사람이 논두렁 밑에 앉아서 그 마음을 청정히 하면 그 사람이 바로 중일세. 그 곳이 절이야. 그게 바로 불교라네."

엄청난 충격이었어요. 저는 머리 깎고 가사장삼 입은 사람을 중이라고 생각했지 마음이 청정한 사람을 중이라고 생각해 본 적이 없었습니다. 기와집이 절이라고 생각했지 수행자가 앉아 있는 곳이 절이라고 생각해 본 적이 없었어요. 그런데 이것이 불교라는 겁니다. 그러면 나는? 머리 깎고 가사장삼 입은 사람이 스님이라고 생각하고 기와집이 절이라고 생각하고 이게 불교라고 생각하니까 불교가 지금 잘못 되었느니, 고쳐야 되느니 어쩌니 난리를 피웠는데 이게 불교가 아니라는 거예요. 마치 허공의 헛꽃을 꺾으려는 것과 같이 헛된 짓을 하고 있었다는 것이지요. 애초에 꽃이 없는데 꽃이 있다고 착각해서 그 꽃을 꺾으려 든다면 아무리 애를 써도 헛된 노력에 불과합니다. 불교 아닌 것을 불교라고 생각해 그걸 뜯어고치려 드니 불가능한 일이었지요. 쉽게 말하자면 지금 망상에 빠져가지고 헛짓거리하고 있다는 말씀을 해주신 거예요. 이런 것이 깨달음입니다.

나를 움켜쥐고

제가 문경 봉암사^{鳳巖寺}에 가서 조실 스님이신 서암^{西庵} 큰스님께만 말씀드리고 한 철 동안 부목 생활을 한 적이 있었습니다.

"스님, 제가 여기서 한 철 부목으로 살겠습니다."

"아이고, 포교 활동하기도 바쁜데 뭐 그럴 필요까지 있나?"

"아닙니다, 스님. 한 철 부목으로 조용히 살겠으니까 아무에게도 이야기하지 마시고 그냥 못 본 척해주십시오."

그렇게 들어가서 장작 패고 밭 매고 뒷간 치우면서 머슴살이를 하는데 어느 날 거지가 동냥을 얻으러 왔어요. 그런데 사지가 멀쩡하고 옷도 나름대로 깔끔하게 입었어요. 그래서 이런저런 이야기를 하다가 여기 일꾼이 부족하니 같이 일하자고 권유해서 함께 일하게 되었어요. 개울가에 데려가서 목욕도 시키고, 옷도 갈아 입혀서 조그마한 방에 둘이서 같이 살게 되었지요.

봉암사는 새벽 3시에 예불을 하니 그때 참석하고 나와서 종일 일을 하고 저녁 식사 후 저녁 예불에 또 참석하는 것이 일과 중의 하나였어요. 그런데 이 친구가 보기에는 제가 그냥 같은 머슴인 줄 알았는데 새벽 예불도 나가고 저녁 예불도 나가니까 어느 날 대뜸 저더러 물었습니다.

"야, 너 중이냐?"

"아닌데. 왜?"

"그럼 중도 아니면서 뭣 때문에 그렇게 새벽예불에 나가나?"

저는 나름 잘한다고 하고 있는 것이었습니다. 몸을 숨기고 들어간 것도 잘한다고 한 것이고 새벽 예불에 가는 것도 잘한다고 한 거예요. 그런데 벌써 내가 밖으로 드러난 것이었어요. 아무것도 모르는 이 사람이 봐도 벌써 '이 자식, 부목치고는 좀 이상한 놈이다.'라는 생각이 들었던 겁니다. 남이 볼 때 부목이라는 것에 털끝만큼의 의심도 없어야 하는데 벌써 이게 껍데기는 부목인데 속은 부목이 아닌 것이 드러나는 것이지요. 그래서 귀신은 속여도 사람은 못 속인다고들 하나 봅니다.

그것뿐만이 아니었어요. 노스님들 방에 연탄불을 갈아 넣는 일도 제 딴에는 잘해 보겠다고 불을 안 꺼뜨리게 정성껏 잘 갈아 넣었어요. 한 달쯤 지나니까 한 노스님이 "처사, 이리 와 봐." 하고 부르셨어요. 그래서 갔더니 옆구리를 꼬집으면서 말씀하셨습니다.

"너, 데모하다가 도망왔지?"

이것도 내가 드러났다는 이야기입니다. 부목이면 불도 좀 꺼뜨리고 게

으름도 피워야 할 텐데 부목치고는 이상한 놈이라는 겁니다. 뭐든지 열심히 하고 잘하는 것만 할 줄 알았지 사실은 부목이 부목답지 못한 생활을 했던 거예요. 껍데기는 숨겼지만 도무지 자기를 버리지 못한 것입니다. 자기라는 것을 내려놓아 버리고 자기라는 것이 없어야 하는데 이게 잘 안 된 것이지요.

하루는 저녁 예불한다고 법당에 미리 가서 앉아 있는데 절에 온 지 며칠 안 되는 행자들이 청수를 떠오고 향로의 향 찌꺼기를 비우다가 청수 그릇이 어느 쪽이고 향로가 어느 쪽인지 잊어버렸어요. 그래서 자기들끼리 오른쪽이니 왼쪽이니 옥신각신하는 것을 보고 제가 "행자님, 향로가 이쪽이고 청수 물이 저쪽입니다." 하고 참견을 해버렸어요. 그랬더니 "이 처사가 뭘 안다고 참견이야!" 하고 버럭 화를 냈습니다. 행자들은 머리 깎고 절에 들어온 지 얼마 안 되어 스님들 앞에서는 기도 못 펴지만 처사들에게는 절의 주인 행세를 하는 것이지요. 호되게 야단을 맞으니 속에서 벌컥 화가 솟아오르는 거예요.

'절에 온 지 며칠도 안 된 것들이!'

그런데 그렇게 화가 올라오는 순간에 제가 보였어요. '아, 내가 지금 처사지.'

그럴 때 자기를 보게 됩니다. 내가 껍데기인 옷만 갈아입고 나를 버렸느니 했지만 사실은 속에서는 그대로 '나다' 하는 것을 움켜쥐고 있는 줄 알게 되었지요.

부목 생활하면서 일을 얼마나 열심히 했는지 모릅니다. 그러나 저는 그때 일 열심히 하려고 들어간 게 아니었어요. 좋은 일이든 나쁜 일이든 일에 집착하는 나를 내려놓고 스스로를 돌아보겠답시고 들어갔는데, 그 열심히 하는 습관을 버리지 못하고 포교하던 것을 장작 패는 것으로, 염불하던 것을 밭고랑 매는 것으로 바꾸어서 하고 있었던 것입니다. 그 기본 카르마karma, 습관은 잘 바뀌지 않습니다. 그래서 업식이 무섭다는 것입니다.

하루는 땀을 뻘뻘 흘리면서 죽기살기로 장작을 패고 있었어요. 그러다 고개를 들어보니 조실 스님께서 보고 계셨어요. 인사를 드렸더니 이렇게 말씀하셨어요.

"여보게, 자네가 오기 전에도 봉암사는 잘 있었다네."

저는 마치 제가 없으면 봉암사가 안 될 것처럼 죽기살기로 일하고 있었던 것이지요. 그러나 그 전에도 봉암사는 아무 탈 없이 잘 있었다는 겁니다. 스승님께서 보시기에 '너는 지금 일에 집착하고 있으니 그 집착을 놓아라.'라고 일러주신 것이지요.

아무개야, 깨어있느냐

　일을 열심히 하는 제 모습을 스스로 돌아보고 무엇에 집착하는지 살펴보니 욕먹는 것을 굉장히 경계한다는 사실을 깨달을 수 있었습니다. 적당히 게으름 피우다가 나중에 신분이 밝혀지면 '그 사람 우리 절에 와서 부목할 때 보니 농땡이나 치고 형편없는 사람이더라.' 이런 소리 들을까 봐 자기를 내려놓는다 하면서도 내려놓지 못하고 죽기살기로 일했던 거예요. 이렇게 우리는 늘 자기를 꽉 움켜쥐고 삽니다. 이렇게 우리가 어떤 목표를 추구하면서도 늘 과정에 집착해서 자기합리화를 거듭하다가 결국 목표 달성을 못 할 때가 많습니다. 결국은 장소만 바뀌었지 삶의 방식은 똑같은 거예요.

　저는 봉암사에 뭘 해주려거나 봉암사를 고치려는 목표로 내려간 게 아니었어요. 큰스님 말씀대로 봉암사는 제가 없을 때도 잘 돌아가는 절이에요. 그런데 자기를 고치러 내려가 놓고는 막상 가서는 마치 봉암사를 고치러 내려온 사람처럼 굴었던 것이지요. 거기 사는 동안 봉암사의 이런저런 모순이 한눈에 다 보여서 그런 것들을 어쨌든 내가 있는 동안 고쳐 놓고 가겠다고 덤볐지요.

옛 선사 중에 자기 이름을 자기가 부르고 자기가 대답하는 분이 있었다고 합니다. 여러분들도 수시로 자기 이름을 부르고 대답하는 연습을 한번 해 보세요.

"아무개야, 넌 지금 여기에 왜 왔니? 무엇 하러 왔어?"

"행자로 들어왔습니다." 하면

"너 지금 행자 노릇 잘하니?"라고 또 물어보세요.

행자로 들어와서 선생 노릇 하는 사람, 기도대중으로 들어와 놓고 큰스님 노릇 하는 사람이 많습니다. 이렇게 앞뒤가 맞지 않으니 얼마나 힘들겠어요? 같이 사는 사람들의 온갖 모순은 한눈에 다 보여도 자기모순은 보이지 않아요. 그래서 깨어있으려면 스스로에게 '내가 지금 여기에서 무엇을 하기 위해 있는가?'를 늘 물어보고 자기가 그 목적에 맞게 제대로 하고 있는지 살펴야 합니다. 그것이 지금 깨어있는 것입니다.

그런데 우리는 늘 현재의 자기 직분을 놓치고 삽니다. 무엇인가를 배우러 와 놓고는 남을 가르치는 사람도 있고, 가르치러 왔는데 그걸 방임하는 사람도 있고, 도움받은 것에 대해 감사해야 할 사람이 오히려 도와준 사람들을 욕하기도 합니다. 지금, 여기, 왜, 이 세 가지에 늘 깨어있으면 삶에 후회라는 건 있을 수가 없습니다. 깨어있지 못하기 때문에 지나고 보면 후회할 일이 생깁니다.

그러니 옛 선사처럼 한번 해 보세요. "아무개야" 하고 자기이름을 부르고 "네." 하고 대답하면서, "너 지금 깨어있니?" 물어보세요. "예, 깨어있습니다." 이렇게 대답할 수 있도록 늘 자기를 점검하면서 살아가야 하겠습니다.

뭉치면 죽고 흩어지면 산다

봉암사 부목생활 중에 같이 지냈던 거지 출신 부목 친구에게서 배운 것이 참 많았습니다.

"뭉치면 죽고 흩어지면 산다."

처음에는 무슨 말인지 알아듣지 못했습니다. '뭉치면 살고 흩어지면 죽는다.'가 맞는데 왜 거꾸로 하냐고 물었더니 아니래요. 뭉치면 죽고 흩어지면 산다는 겁니다. 거지들은 같이 모여 있으면 계속 술을 마시기 때문에 다 마흔을 넘기지 못하고 알코올 중독으로 죽는대요. 그래서 일찍 죽지 않으려면 흩어져야 한다는 겁니다. 자기도 지금 알코올 중독으로 거의 죽을 지경에까지 이르러서 죽지 않으려고 혼자 떨어져 나와 있다는 것이었습니다.

듣고 보니 그럴듯한 이야기입니다. 이 말이 실생활에서 적용되는 사례가 있지요. 어떤 부부는 뭉쳐서 죽기살기로 싸워댑니다. 이런 부부는 흩어져야 삽니다. 이혼하는 것이 오히려 사는 길이지요. 저는 이 친구의 말을 듣기 전에는 그렇게 적용해 볼 생각을 한 번도 못했어요.

한 번은 보름마다 돌아오는 울력 시간이었습니다. 스님들이 밭고랑 좀 매고 물통 좀 나르니까 신도 보살님들이 "아이고 스님, 힘드신데 그만하세요." 하고 야단들이었습니다. 그랬더니 이 친구가 또 한마디 합니다.

"거 참 이상한 사람들 다 봤다."

"왜?"

"아니, 우리는 맨날 일해도 아무 소리 안 하면서 스님들이 잠시 일한 것 갖고 왜 저래? 무슨 굉장한 일이나 한 것처럼……."

이 말도 제게는 큰 충격이었습니다. 이 친구는 스님들을 바라보는 시각도 남달랐어요.

"스님들이 뭐하는 사람들인가 했더니 내 오늘에서야 알았다."

"뭐 하는 사람들인데?"

"밥 먹고 똥 만드는 사람이지!"

왜 그리 생각하는지 물어보니 딱 밥 먹고는 선방에 들어가서 마냥 앉아 있다가 똥 눌 때만 나온다는 거예요. 똥 누고는 또 밥 먹고 들어가서 앉아 있다가 또 똥 눌 때 나오고, 이렇게 아무 하는 일 없이 계속 똥만 만들어낸다는 겁니다. 굉장한 관찰입니다. 우리는 어떻게 의미를 부여해서 참선한다, 수도한다 하며 온갖 이름을 갖다 붙이지만 이 사람 관점에서 보면 그저 밥을 똥으로 만드는 과정에 불과하다는 것이지요.

똥오줌 치울 때도 보면 저는 통에 8할 정도 채워서 흘리지 않게 조심조심 간다면 이 친구는 언제든 3분의 1만 담아서 살랑살랑 다녔습니다. 그래서 휴식시간에 잔소리를 했어요.

"야, 아무리 남의 일이지만 좀 일답게 해야지 3분의 1이 뭐냐?"

"에이, 너는 노가다에 대해서 모른다."

"뭘 모르는데?"

"노가다하는 사람은 몸이 전재산이다. 유일하게 가진 게 몸 하나밖에 없는데 그러다가 몸 상해버리면 그 전재산 탕진하는 것과 같다. 그러니까 늘 몸을 잘 유지해야 해."

"그래도 그렇지. 바짝 해놓고 좀 놀고 바짝 해놓고 좀 쉬고, 이렇게 일을 좀 화끈하게 해야지 그게 뭐냐?"

"에이, 너는 노가다에 대해 진짜 모르네. 네가 열심히 일해서 두 시간에 할 일을 한 시간 만에 해놓고 앉아 쉰다 해도 주인은 그거 알아주지 않는다. 그저 네가 쉬는 것은 눈꼴셔서 못 볼 거다. 이렇게 조금씩만 채워서 두 시간 내내 쉬지 않고 왔다갔다해야 주인이 좋아하는 거야."

처음에는 이해가 잘 안 되었는데 나중에 두고두고 생각해 보니 맞는 이야기였습니다. 주인은 하인이 노는 꼴을 못 봐줍니다. 사장도 직원이 노는 꼴을 못 봐줍니다. 굉장한 지혜가 담겨 있었지요.

그런데도 결국은 그 친구가 시키는 대로 안 하고 '비노가다적'으로 하다가 결국 몸져눕게 되었어요. 억지로 참고 참으면서 그렇게 일을 열심히 하고 새벽 예불이며 저녁 예불 다 나가고 참선 흉내내고 하다 보니 몸이 견뎌내지 못했던 것입니다. 결국 한 달 만에 완전히 뻗어버렸어요. 나중에는 목이 부어 침도 안 넘어가고 온 몸이 사시나무 떨듯 떨려서 방에 누워 있다가 도저히 못 견뎌서 약방에 약을 사러 다녀왔더니 이 친구가 이야기했습니다.

"아까 조실 스님 왔다갔어. 너 아픈 거 아시나 보더라. 처사 아픈데 먹이라고 꿀을 놔두고 가셨다."

제가 아프다 하니 큰스님께서 꿀을 가지고 조용히 제 방에 오셨다가 제가 방에 없으니까 맡겨놓고 가신 것이지요. 그러다보니 이 친구가 완전히 눈치를 채고 말았어요. 평소에도 뭔가 이상한 놈이다 싶었는데 조실 스님이 다녀가는 것을 보고 머슴이 아니라는 것을 알아버린 거예요. 지금껏 같이 어울려서 스님들 욕도 거리낌없이 해댔는데 큰일났다 싶었는지 자고 아침에 일어나 보니 그만 흔적도 없이 사라져버렸어요. 부목 생활 끝나면 같이 거지생활 좀 하기로 약속했는데 그만 가버렸습니다.

제가 이 친구에게 배운 지혜가 굉장히 많았습니다. 괜히 이상에 사로잡혀 정체를 들키지만 않았다면 이 도인에게 좀더 배울 기회가 있었겠지요. 그러나 껍데기만 바꿔 남을 잠시 속였을 뿐 결국 속을 고치지 못하니 그 거지 부목이 제 정체를 알고 가버렸습니다.

그러니 공부라는 것은 어디서든지 배울 것이 있습니다. 길 가다가 넘어져도 배울 것이 있고, 시비가 붙어 싸우는 가운데에도 배울 것이 있고, 실수한 가운데에도 배울 것이 있고, 실패한 가운데에도 배울 것이 있습니다. 물에 빠지면 빠진 김에 진주조개를 주워오는 지혜가 필요합니다.

현실을 인정하는 것부터

　부모가 자식을 키울 때 이렇게 해라, 저렇게 해라 아무리 말하고 가르쳐도 대개는 자식들이 그대로 안 합니다. 또 자식들도 부모님한테 이러저러하시면 좋겠다고 나름대로 건의해도 부모들이 잘 안 고칩니다. 아예 안 받아 들이는 게 아니고 그렇게 해 보겠다 말해 놓고도 나중에 보면 자기 마음대로 해버립니다. 그럴 때에 자식들은 으레 '왜 저걸 못 고치실까?' 이런 생각을 많이 하게 됩니다. 그래서 고쳐지지 않는 상대가 원망스럽지요.

　그런데 사실은 그렇게 될 수밖에 없는 원리가 있지요. 장마철에 비가 오는 것도 따지고 보면 비가 올 수밖에 없는 원리가 있죠. 댐이 무너지면 무너질 수밖에 없는 원리가 있듯이 사람이 그렇게 할 때에는 그렇게 할 수밖에 없는 원인들이 있습니다.

그렇다면 그 원인은 무엇일까요? 그 순간만큼은 자기가 하는 것이 잘하는 것이라고 생각하기 때문입니다. 지나고 보면 잘못했다, 어리석었다후회할 수도 있습니다. 그러나 그렇게 말하고 행동하는 그 순간에는 모두 나름대로 잘한다고 한 일입니다. 잘못하는 길을 일부러 선택해서 가는 사람은 없습니다. 자살하는 사람도 그 순간에는 이렇게 살 바에는차라리 죽는 게 낫겠다고 판단했기 때문에 죽습니다. 또, 남을 죽이는사람도 그 순간만큼은 이런 인간은 죽이는 게 낫겠다 판단해서 죽이는거예요.

여러분이 화를 낼 때 누가 옆에서 아니 부처님 제자가 화를 내면 되느냐고 말하면 뭐라고 대꾸합니까? '맞다, 부처님 제자인 내가 화를 내서 안 되지.' 이러는 사람은 없습니다. '이 상황에서 어떻게 화를 안 내?내가 부처냐? 너 같으면 화 안 나겠니?' 이렇게 대응하지요. 자기가 부처가 아니라고 주장해요. 그 말은 뒤집어서 말하면 '지금 화낼래? 아니면화 안내고 부처 될래?'라는 선택에서 '나는 이 순간은 부처되는 것보다화내고 말겠다. 부처되는 것도 필요없다.'라는 뜻이지요. 우리가 존경하는 부처님이 되는 길이라 해도 그 순간만큼은 화내는 게 더 낫다고 생각하기 때문에 화를 내는 거예요.

이렇게 내가 보기에는 틀린 일, 얼토당토않은 일도 그 사람의 입장에서는 잘한다고 하는 거예요. 그 사람 보기에 옳은 것, 내가 보기에 틀린것은 관점의 차이일 뿐입니다. 업의 차이, 습관의 차이, 사고의 차이라고도 볼 수 있지요. 그래서 우리가 깨닫고 보면 일체가 다 법이라는 것입니다. 그 사람이 화내는 것도 법이고 모든 게 다 법이라는 것이지요. 객관적으로 옳다 그르다 논하는 이야기가 아닙니다. 내 보기에는 틀렸을지 몰라도 상대가 보기에는 옳아서 하는 일이라는 뜻이에요. 그 행위가 끝난 뒤에도 그것이 옳다는 생각이 지속될 수 있고, 시간이 지나면 본인 스스로 잘못했다 생각해서 후회하게 될 수도 있습니다. 그러나 어쨌든 그 순간만큼은 각자 자기 나름대로 옳아서 행동하는 것입니다.

인생 문제를 해결하려면 이런 현실을 인정해야 합니다. 좋고 나쁘고를 떠나 이것이 사람들이 생각하고 행동하며 살아가는 현실의 모습이기 때문입니다.

남 탓할 필요 없다

이렇다 보니 사람들은 모두 나름대로 억울한 마음을 갖게 됩니다. 자기 딴에는 다 잘한다고 했는데 왜 자기더러 잘못했다고 하느냐고 억울해하고 분해하고 피해의식을 갖습니다. 자기 딴에는 잘한다고 했는데 원치 않는 결과가 발생하고 다른 사람의 비난을 듣게 되니 세상이 야속하고 남편이 야속하고 부모가 야속하고 자식이 야속하고 스님이 야속하고 신도가 야속합니다. 돈이나 권력, 부모나 윗사람의 권위 같은 힘에 밀려서 따르겠다고 결심을 해도 막상 그 상황에 부딪히면 똑같이 행동하게 되지요.

남자가 바람을 피우고 와서 부인에게 싹싹 빌고 다시는 그러지 않겠다, 한 번만 더 그러면 이혼해도 좋다고 맹세합니다. 노름하는 사람은 손을 잘라도 좋다고 하고, 돈 빌리는 버릇이 든 사람은 이번만 빌려주면 다시는 빌려달라는 소리 안 한다고 합니다. 그렇지만 또 그 상황이 되면 똑같은 행동을 반복해요.

밖에서 보는 사람은 왜 저걸 못 고칠까 싶지만 그 사람은 그 순간에는 생각이 그렇게 일어나버리기 때문입니다. 자기가 그렇게 하겠다고 해서 되는 게 아니라 마음이 그렇게 일어나는 것이지요. 이것을 불교 용어로 '업業'이라고 합니다. 업은 원래 불교 용어가 아니라 인도에서 예부터 쓰던 전통용어입니다. 불교만의 용어로 하면 오온五蘊 중 '행行', '상카라Sankhara'가 여기에 가깝습니다. 요즘 말로 표현하면 습관 또는 무의식이지요. 거기에서 마음이 일어나서 행동이 따라가는 겁니다.

그런데 우리 나름대로 잘한다고 한 행동의 결과가 대개는 원치 않는 쪽으로 갈 때가 많습니다. 그래서 괴롭지요. 그러나 지금 이렇게 살게 된 것은 모두 우리 스스로가 선택한 결과입니다. 우리는 모두 자기 나름대로는 수년간 최선을 다하면서 살아왔어요. 누울 때는 눕는 게 더 나을 것 같아서 누웠고, 앉을 때는 앉는 게 더 나을 것 같아서 앉았고, 먹을 때는 먹는 게 더 나을 것 같아서 먹었고, 말 안 들을 때는 안 듣는 게 더 나을 것 같아서 안 들었고, 이렇게 다 그 순간순간은 자기 나름대로 잘한다고 해서 여기까지 온 거예요. 그래서 다른 누가 만든 게 아니라 자기가 자기를 만든다고 말하는 것입니다. 거짓말할 때 거짓말하고 싶어서 거짓말하진 않습니다. 그 순간은 거짓말하는 게 낫겠다고 생각하기 때문이에요.

'지금 바른말하면 문제가 복잡해지니까 거짓말로 넘어가자.'

나를 위해서일 때도 있지만 때로는 남을 위해서도 자기 나름대로는 그렇게 판단해서 거짓말을 합니다. 어떻게든 그 순간순간 자기 나름대로는 이렇게 잘한다고 해요. 그런데 그렇게 나름대로 잘한다고 하면서 지금까지 살아왔으면 행복해야 할 텐데 과연 그렇게 되었습니까? 원했던 결과가 얻어지지 않았다면 뭐가 잘못되었는지 살펴볼 필요가 있습니다.

그런데도 우리는 결과가 이렇게 된 것을 남의 탓으로 돌립니다. 남편을 잘못 만나서, 아내를 잘못 만나서, 부모를 잘못 만나서, 자식을 잘못 낳아서, 사장을 잘못 만나서 그렇다며 남을 원망하고 고치려 듭니다. 그래도 문제가 해결되지 않으면 자기보다 영향력이 크다고 생각되는 부처님, 하느님, 산신님, 용왕님을 찾아가 어떻게 좀 해결해 달라고 매달립니다. 이렇게 해도 안 되고 저렇게 해도 안 되니까 결국 인생은 이미 정해져 있어서 몸부림친다고 되는 게 아니라는 운명론에 빠져, 신이 운명을 정한다고 믿습니다. 그래서 신에게 죽기살기로 빌고 매달리지요. 인도에서는 이게 전생에 지은 업 탓이라고 합니다. 그래서 이 도사 저 도사 찾아다니며 자기 전생이 어떤지 알아보느라 분주합니다. 중국에서는 이게 다 사주팔자 탓이라면서 사주 보러 다니기 바쁩니다. 모두 원인을 엉뚱한 곳, 다시 말해 바깥에서 찾기 때문에 일어나는 현상들입니다.

그러나 하나하나 따지고 분석하며 살펴보면 결국은 이 모든 것이 다 자기 내면으로부터 일어남을 알 수 있습니다. 똑같은 비가 와도 밭에다 어떤 씨앗을 심었느냐에 따라서 어디에는 호박 싹이 트고 어디에는 참외 싹이 트고 어디에는 참깨 싹이 틉니다. 밭에 물을 뿌려 싹이 텄다고 하더라도 밭이나 물이 근본 원인은 아닙니다. 밭과 물은 그저 하나의 조건에 불과합니다. 본래 그리 될 요인이 씨앗 속에 있었기 때문에 호박이 싹트고 참외가 싹트고 참깨가 싹튼 것입니다. 남편을 잘못 만나서, 자식을 잘못 만나서, 친구를 잘못 만나서 이런다고 생각하지만 사실은 자기 내면에 그렇게 싹이 틀 씨앗을 가지고 있었기 때문에 그렇게 된 거예요.

반면에 아무리 씨앗이 있다 하더라도 밭에 심지 않으면 싹이 트지 않습니다. 밭에 심어서 싹이 트니까 마치 직접적인 원인이 밭에 있는 것처럼 보일 뿐입니다. 여기서 착각이 일어난 것이지요. 이것이 전도몽상입니다. 그래서 시각을 밖으로 돌리지 말고 안으로 돌려서 내면을 깊이 관찰하라는 것입니다.

이미 일어난 일이라면 삶에 유용하게 만들어라

일어나는 모든 일은 좋은 일도 아니고 나쁜 일도 아닙니다.
좋은 일이라고 했던 게 내일 가면 나쁜 일이 되기도 하고,
나쁜 일이라 했던 게 내일 가면 좋은 일이 되기도 합니다.
넘어진 것은 나쁜 일이라 하지만
넘어졌을 때 돈을 주웠다면 잘 넘어진 게 됩니다.
그것은 하나의 일일 뿐이에요.
그것을 어떻게 자기의 삶에 유용하도록 만들어내느냐는
오직 본인의 마음에 달렸습니다.

죽음의 고통과 불살생의 계율

　오래 전의 이야기입니다. 어느 날 아침, 낯선 남자들이 집에 들이닥쳐 보자기로 제 눈을 가린 채 어디론가 끌고가서 네 죄를 빨리 이실직고하라며 다짜고짜 두들겨 패기 시작했어요. 대답을 빨리 안 한다고 간첩보다 더 독한 놈이라면서 이런저런 고문도 하였습니다. 눕혀놓고 발바닥을 야구 방망이로 패고, 허리를 부러뜨릴 듯이 누르고, 나중에는 얼굴에 수건을 덮어 놓고 주전자로 물을 부어 숨을 못 쉬게 하는, 소위 물고문을 했어요. 그렇게 고문을 당하면서 죽는다고 발버둥치고 악을 썼어요. 하도 괴로워서 기절이라도 하면 좋겠는데 기절도 마음대로 되지 않아서 무턱대고 아무 대답이나 했어요. 그런데 애초에 아는 게 없으니 대답이랍시고 해도 그 대답이 맞을 턱이 없지요. 아무 대답이나 했는데 확인해 보고 아니니까 다시 와서 심하게 고문하는 일을 반복했습니다.

그런데 한 번은 그렇게 마구 악을 쓰고 고함을 지르다가 거의 기절하기 직전의 극한상황이었는데 캄캄한 영화관에서 화면이 켜지듯 눈앞에 환하게 영상이 떠오르는 거예요. 눈앞에 개구리 한 마리가 달달달 떨며 죽어가는 모습이 확 들어왔어요. 그 찰나의 순간이 제게는 이루 형언할 수 없는 충격으로 다가왔습니다.

그 개구리는 제가 어릴 때 늘 잡던 개구리의 모습이었습니다. 저는 초등학교 다닐 때까지 시골에서 자랐는데 개구리를 많이 잡았습니다. 긴 싸리회초리를 들고 논둑을 다니다가 개구리를 보면 개구리의 등허리를 탁 후려칩니다. 그러면 개구리가 사지를 쫙 뻗고 달달달 떨다가 죽습니다. 그렇게 여러 마리를 잡아 굵은 놈은 잘라서 몸통은 닭 모이로 주고 다리는 불에 구워먹었어요. 저만 그런 것이 아니라 시골 아이들 다 그렇게 개구리를 잡으며 놀았어요. 지나고 나서는 그 기억을 한 번도 해 본 적 없이 까마득하게 잊어버렸는데 그때 눈앞에 딱 떠오른 것이었습니다. 내 신세가 꼭 그 개구리 같은 신세였어요. 옛날에 내가 개구리 등을 쳐서 잡았던 것처럼 등허리를 문지방에 고아놓고 위에서 누르니 허리 통증이 심해 온몸을 사시나무 떨듯 떠는 것이, 온몸을 달달 떨면서 죽어가는 개구리와 똑같았습니다.

그때가 제가 불교에 입문한 지 거의 10년 가까이 되었을 때입니다. 그러니 불교에 대해서 제법 안다고 생각해서 불교운동을 하기도 하고, 젊은이들에게 불교 교리도 가르치던 때였습니다. 그러면서도 항상 마음속에 의심이 남아 있었어요. 불살생不殺生 계율에 대한 의심이었어요. 도둑질하지 마라, 사음邪淫하지 마라, 거짓말하지 마라, 술 마시지 마라, 다른 계율은 들으면 바로 이해가 되는데 '살생하지 마라'라는 계율은 '사는 게 다 살생인데 살생을 안 하고 어떻게 사나?'라는 의문을 갖고 있었어요. 먹는 것도 가축을 다 잡아먹고 살고, 또 전쟁에 나가면 어쩔 수 없이 상대를 죽여야 하잖아요. 사명대사四溟大師 같은 분도 승병으로 전쟁에 나갔을 때는, 피치 못할 이유라고는 해도 사람을 죽이지 않았습니까? 그래서 이 계율이 불교를 좀 소극적으로 만든다는 생각을 했습니다. 어떤 경우에도 살생을 하지 말라고 하니 사회 정의를 위해서 자기 몸을 희생하면서 적을 공격할 수 있는 적극적인 자세를 취하기가 어렵다고 생각했지요. 그냥 살인하지 말라는 정도면 그래도 수긍이 가지만 살생하지 마라, 즉 미물 하나도 함부로 죽이지 말라고 하니 마음 한구석에 늘 의심이 남아 있었습니다.

제가 개구리를 잡을 때는 아무런 문제의식도 없었어요. 살리면 당연히 그렇게 하는 것이었고 그게 무슨 큰 죄가 되냐고 생각했지요. 그런데 정작 내가 개구리 신세가 되고 보니까 그럴 수 있다고 말할 수 없었습니다. 고문 좀 할 수도 있지, 나쁜 짓 했으면 좀 맞아야지 이런 말이 절대로 나오지 않게 되었습니다. 불교를 믿고 공부한 지 10년이나 되고 불교를 남한테 가르치기까지 하면서도 부처님 법을 온전히 그대로 받아들이지 않고 자기 생각과 다르면 갸우뚱거리다가, 결국에는 제가 개구리 신세가 되어서야 이것이 아무런 조건도 없이 그대로 받아들여야 할 문제임을 깨달은 것입니다.

눈이 어두워도 얼마나 어두웠습니까. 부처님 법까지도 내 식대로 받아들이고 내 마음에 안 들면 토를 달잖아요. 그때 제가 저의 어리석음을 절절히 깨달았습니다. 불법에 입문했다고 하면서 부처님께서 제1번 계율로 정해 주신 불살생 계율마저도 온전하게 받아들이지 않고 의심했지요. 자기가 행할 때는 그럴 수밖에 없다 해놓고 막상 내가 당할 때는 너무너무 분노하고 억울해하고 몸서리치는 겁니다.

그 찰나의 순간에 떠오른 개구리 영상을 보면서 '나 같은 놈은 죽어야 한다. 이렇게 불법을 10년이나 배우고도 안 받아들이는데 도대체 내가 뭘 깨달을 수 있겠는가?' 하는 생각이 들었어요. 사람은 살고자 할 때 몸부림을 칩니다. 마땅히 죽어야 한다는 생각이 들면 살고자 하는 몸부림을 치지 않게 돼요. 그냥 아득해져버려요. 내가 고문을 받는지 통증이 있는지 없는지 멍해지면서 몸에 힘이 쭉 빠졌어요. 그런데 그와 동시에 고문이 멈췄어요. 죽음을 받아들이는 순간 고문이 멈춰버린 겁니다. 이 경험은 제게 큰 깨달음을 주었습니다. 여태껏 공부해서 안다고 생각했던 것들이 사실은 아는 게 아니었어요. 불교용어를 쓴다고 해서 불법을 아는 게 아니라, 그저 저 좋을 대로 해석하거나 취사선택해 왔을 뿐이라는 사실을 깨달은 것입니다.

갇혀 지내는 동안 화장실 창문 밖 멀리 주택가 아파트 불빛들을 보면 마음에 형언키 어려운 생각들이 일어났습니다.

'지금 저 집들에서는 가족들이 둘러앉아서 혹은 친구들이 모여서 술이라도 한 잔 하면서 도란도란 이야기를 나누고 있을 거다. 그들은 바로 가까이 있는 내가 이런 고통을 겪고 있다는 사실을 전혀 모른다. 어쩌면 거기 앉아 있는 사람들은 불교가 어떻고 보살도가 어떻고 깨달음이 어떻고 중생 구제가 어떻고 하는 이야기를 나누고 있을지도 모른다. 그들은 지금 내가 죽음의 위기에 빠져 살려달라고 몸부림치는 줄 전혀 모르고 저들끼리 앉아서 관념의 유희만 즐기고 있는 게 아닌가?'

저도 그때까지 그런 사람들과 다르지 않았습니다. 그 고통을 직접 겪어보기 전까지는, 나 같은 사람은 평생 파출소 한 번 갈 일 없으리라 생각했습니다. 경찰에 잡혀가는 사람을 보면서도 '죄를 지었으니 파출소에 끌려가겠지, 죄를 안 졌는데 뭐 때문에 가겠냐? 너만 바르게 잘해 봐라, 왜 거기 가 있겠냐?' 이렇게 생각했는데, 막상 제가 그 지경을 당하고 보니 꼭 뭘 잘못해서만 고통을 당하는 게 아니라는 것을 알게 되었습니다. 그러니 고문이 있든지 말든지 나만 고문을 당하지 않으면 되는 것이 아니라, 고문이 있다면 언젠가는 나도 당할 위험이 있다는 생각을 하게 된 것이지요. 그래서 나만 고문에서 피해가려는 생각에서, 고문 같은 것이 없는 세상을 만들어야겠다는 생각으로 바뀌었습니다.

그때서야 불보살이 왜 정토를 건설하겠다고 발원했는지 이해하게 되었습니다. 남녀 불평등이 없는 세상, 신체장애가 없는 세상, 신분 차별이 없는 세상, 기아가 없는 세상, 질병이 없는 세상, 전쟁이 없는 세상이 중생을 위해서만 있는 게 아니에요. 바로 정토 건설은 나를 위한 것입니다. 이 경험이 제게는 세상을 바로보는 계기, 붓다의 위대함을 깨닫고 붓다의 가르침을 마음에서 우러나 온전히 받아들이는 큰 계기가 되었습니다.

그 이후에는 경전을 읽거나 부처님 말씀을 공부하다가 이해가 되지 않는 부분, 잘 받아들여지지 않는 부분이 있으면 틀렸다거나 잘못됐다고 판단하지 않고 '아직은 내가 이해하지 못하는 영역이구나.' 하고 덮어둡니다. 덮어두는 것은 지금 이것을 함부로 틀렸다 어떻다 말할 수 없는 부분이기 때문이에요.

이렇게 체험으로 깨달은 것은 책을 보거나 이야기를 들어서 아는 것과는 완전히 다른 차원입니다. 백 번 듣고 백 번 읽어서 머리로 아는 지식과 이렇게 경험을 통해 어느 순간에 깨달은 것은 엄청난 차이가 납니다. 그 뒤로는 사회활동도 이론 몇 가지 배워서가 아니라 제 자신의 경험과 결부해서 진행하게 되었습니다.

진정한 이해

　제가 그 고문을 당할 때 너무너무 고통스러워 악을 쓰는데 한편에서
분노도 엄청나게 일어났습니다. 아무 이유 없이 사람을 잡아다가 두들
겨 패고 고문을 하니까 제 마음 속에 끓어오르는 분노가 얼마나 컸겠
어요.

　'나가기만 해 봐라, 너희들 다 죽여버린다.'

　그때 만약 제 손가락이 총이라면, 나갈 것도 없이 그 자리에서 다 죽
여버렸을 겁니다. 그런 분노 속에서는 눈에 뵈는 게 없지요. 그저 힘이
없으니 못 했을 뿐이지요.

　고문당하는 사람은 죽지 않으려고 젖 먹던 힘까지 짜내어 악을 쓰고
발버둥을 치니까 그 힘이 얼마나 크겠어요. 그러니 한 사람을 고문하려
면 덩치가 큰 장정이 세 명쯤 붙어야 합니다. 고문당하는 사람도 고통스

럽지만 고문하는 사람도 힘듭니다. 그래서 그 사람들도 힘들다고 중간 중간 쉬어가면서 하지요.

그렇게 고문을 하다가 잠깐 쉬는데 자기들끼리 담배를 한 대씩 빼물고 둘러앉아서 이런 이야기를 하는 거예요.

"우리 딸이 오늘 대학 예비고사 보는데 시험을 잘 칠지 걱정이다. 이놈 자식, 좀 잘 쳐가지고 어디라도 서울 시내에 있는 대학에 들어가야 할 텐데. 지방 대학 가면 우리 살림에 이거 큰일이야."

그러니까 다른 사람이 뭐라고 대꾸하고 또 맞장구치면서 두런두런 대화가 이어졌습니다. 보통 시골 술집에 모인 사람들이 집안 걱정하는 것과 똑같은 이야기를 하고 있는 겁니다. 저는 방금 전까지 이 사람들을 악마처럼 여겼어요. 그런데 이 사람들이 집에 가면 그저 일반인과 똑같은 아무개 아빠, 아무개 남편, 아무개 아들입니다. 부인에게는 사랑하는 남편이고, 아이들에게는 사랑하는 아빠이고, 부모들이 볼 때는 사랑하는 아들이겠지요. 어쩌면 저 사람들은 공무원으로서 나라를 위해서 나름대로 열심히 일하고 있는지도 몰라요. 집에 가면 수고했다고 부인이 저녁상을 차려줄 테고 애들도 아빠에게 와서 오늘 시험이 어땠다고 이야기하는, 그런 평범한 사람들이에요. 철천지원수가 아니에요. 그런데 조금 전까지 내 입장에서 볼 때는 어떻게 인간이 이럴 수가 있나 싶은 거죠. 그걸 보면서 제 마음속에 있던 미움이 싹 사라져버렸습니다. 그들에 대한 증오, 열이고 스물이고 다 죽여버릴 것만 같았던 분노와 미움이 다 사라졌어요. 그들을 그냥 하나의 사람으로 이해하게 된 것이지요. 제가 그 동안 성경이니 불경을 읽으면서 이해하기 어려웠던 몇 가지 문제도 풀렸어요. 「보왕삼매론寶王三昧論」에 있는 '억울함을 당해서 밝히려고 하지 마라'라는 구절은 정말 받아들이기 어려웠습니다. 그리고 성경에 예수님께서 십자가에 못 박혀 돌아가시면서 자신을 십자가에 못 박은 두 사람에게 "주여, 저들을 용서하소서. 저들은 자기 지은 죄를 모르옵니다."라고 말씀하셨는데 이 말씀도 받아들이기 어려웠어요. 그런데 이 경험을 통해서 그 뜻을 알게 되고 받아들이게 되었습니다. 그들 사형 집행인들은 그냥 그런 일을 하는 직업인들에 불과했을 뿐입니다. 예수님께서는 그들을 온전히 이해하셨던 것입니다. 그래서 분노가 일어나지 않으셨고 응징하기보다는 용서하는 마음을 내신 것이지요.

지금 제가 하고 있는 여러 활동들은 이런 경험에 바탕을 두고 있습니다. 남한 사람들은 북한 사람들을 보면서 다들 죽일 놈들이라고 하는데 북한 사람들의 이야기를 들어보면 자기들은 나름 잘한다고 하고 있는 거예요. 미국 놈이 어떻다 하며 욕하지만 미국 가서 이야기를 들어보면 자기들은 자기들대로 잘한다고 하는 겁니다. 일본 사람들의 이야기를 들어보면 북한 사람들을 악마 같은 놈들이라고 합니다. 어떻게 대낮에 사람을 납치해 갈 수 있냐고 이를 갈아요. 한국 사람들이 일본 사람 미워하는 것보다 더 미워하고 여론이 온통 북한 문제로 시끄러워요. 그런데 북한 가서 이 이야기하면 완전히 눈이 뒤집어지죠. 일제 강점기에 젊은 한국 여자들을 20만 명이나 만주로 필리핀으로 인도네시아로 위안부로 끌고 가서 그 꼴을 만들어놓고, 학생들 수십만 명을 끌고 가서 총알받이로 써먹고, 100만 명 이상의 장정들을 강제징용으로 끌고 가 부려먹고 보상은커녕 잘못했다는 소리도 안 하는 놈들이 그런 말할 자격이 있느냐는 겁니다.

제가 인도 가서 인도 사람 이야기 들어보면 파키스탄을 나쁘다고 하고 파키스탄 사람들 이야기를 들어보면 인도가 나쁘다고 합니다. 팔레스타인 이야기 들어보면 이스라엘이 나쁜 놈이고 이스라엘 이야기 들으면 팔레스타인이 나쁜 놈이에요. 이 세상에 피해자만 있고 가해자는 없어요.

일본 히로시마Hiroshima, 廣島에는 평화공원이 있습니다. 핵폭탄에 무참하게 죽어 갔던 일본 사람들의 모습이며 피해당한 것을 정리해서 전시해 놓았어요. 우리는 일본이 가해자라고 생각하지요? 일본에서 평화운동하는 사람들은 일본이 피해자라고 생각합니다. 그런데 중국 장춘長春에 가보면 관동군들이 저지른 생체실험의 만행을 다 보여주는 박물관이 있어요. 얼마나 고통을 겪었는지 그 처참한 모습은 눈 뜨고는 못 볼 지경입니다.

이러니 어떻게 화해가 되겠어요? 소위 보수우익이라는 사람들의 이야기를 들어보면 공산군한테 가족이 학살당하고 재산 몰수당한 사연을 입에 거품 물고 하소연합니다. 그런데 국군과 경찰이 동네에 와서 빨갱이라고 한 동네를 완전히 몰살시켜버린 사건도 많아요. 보도연맹保導聯盟 사건이 그렇지요. 어떤 동네에는 제삿날이 같은 집이 여러 집입니다. 또 제주도에서는 4·3사건 때 얼마나 많은 사람들이 죽었습니까? 북한에 가서 이야기 들어봐요. 미군이 폭격을 퍼부어서 집 한 채도 남기지 않고 모조리 초토화시켰다고 해요. 그러니까 미 제국주의, 철천지원수에 대한 증오가 이루 말할 수 없지요. 그런데 남쪽에서는 미국 욕만 해도 난리를 피우는 사람도 있잖아요. 그런 사람들이 한 하늘 밑에 다 같이 사는 거예요.

아내가 남편에 대해서 하소연하는 이야기를 들어보면 어떻게 저런 인간이 있나 싶지요? 바람피우고 가산 탕진하고 마누라 두들겨 패는 사연을 들으면 그런 사람이 결혼은 왜 했을까 싶습니다. 그런데 남편 쪽의 이야기를 들어보면 어때요? 어떻게 저리 독한 여자가 있나 싶어집니다. 이런 속에서 평화롭게 살아가려면 상대의 입장을 이해해야 합니다.

남편 때문에 못 살겠다고 하소연하는 부인에게 제가 "남편의 입장에서 이해해 보세요."라고 하면, "스님도 남자라고 남자 편드시네요."라는 대답이 돌아옵니다. 아내 때문에 못 살겠다고 하소연하는 남편에게 "부인의 입장에서 생각해 보세요."라고 말하면 "스님은 장가를 안 가봤으니 몰라서 그런 소리 하십니다." 이래요. 미국에 가서 북한의 입장을 이야기하고, 북한에 가서 미국의 입장을 이야기하고, 남한에서 북한의 입장을 이야기하고, 북한에 가서 남한의 입장을 이야기해 보면 모두 똑같습니다. 제가 북한 사람인 양, 미국 사람인 양 입에 거품을 물고 삿대질하며 화를 냅니다. 그러나 어떤 문제든지 하나하나 풀어나가려면 결국 상대의 입장을 인정하고 상대편에 서서 이해하는 데서 출발할 수밖에 없습니다. 이것이 부처님의 가르침이에요. 경전을 읽고 법문을 만 번 들어도 그때뿐이다가도, 결국 내가 그런 경우를 당해서 역지사지易地思之의 입장에 놓여보면 그제야 이해하게 되는 경우가 많습니다.

부모가 되어 애를 낳아 키워보면 비로소 '아, 우리 부모님께서 날 낳아 키우느라 고생하셨구나.' 하고 이해가 됩니다. 그 전에는 아무리 부모가 이야기를 해도 귀에 들어오지 않아요. 부모도 얼마나 답답하면 이런 말을 하겠어요?

"너도 나중에 시집가서 너 같은 애 낳아 키워보면 내 심정 알 거다."

이 말은 악담이에요. 그래도 내가 뭐 엄마 같을까 싶습니다. 자기는 그렇게 안 살겠다고 큰소리치지요. 나중에 직접 당해보면 그제야 '아, 인생이 이런 거구나.' 합니다.

제가 온갖 일을 겪고 보니 부부 관계나 부모자식 관계나 친구 관계나 남북 관계나 북미 관계나 여야 관계나 사실은 별 차이가 없어요. 모두 자기만을 생각하는 마음에서 비롯되는 겁니다. 결국은 자기를 중심에 놓고 자기 관점에서만 세상을 보는 것, 다시 말해 아상 때문에 세상이 서로 부딪히고 미워하고 괴롭고 증오하는 거예요. 그걸 내려놓게 되면 세상에 다툴 일이 없습니다. 서로 다른 것이 당연하기 때문에 다른 것이 갈등을 일으키기는커녕 서로 조화를 이루면서 오히려 풍요로워집니다.

제가 이걸 처음 깨달은 게 바로 그 고문을 당할 때였어요. 제 입장에서 보면 악마도 이런 악마들이 없습니다. 그런데 나를 떠나서 그들의 이야기를 들어보면 그냥 평범한 월급쟁이들이에요. 자식 걱정하고 가정 걱정하고 많지 않은 월급으로 살림을 어떻게 꾸릴까 궁리하는 평범한 사람들입니다. 이런 데서 깨달음이라고 하는 것은 이론을 훨씬 뛰어넘습니다. 지식으로, 머리로 굴려서 아는 알음알이가 아닙니다. 결국 이것이 연기법緣起法이에요. 한 면만 보지 말고 양면을 같이 보라는 겁니다. 그러면 모든 모순이 해결됩니다. 한 면만 보니까 '내가 살려면 네가 죽어야지.' 하지만 두 면을 같이 보면 너도 살고 나도 사는 길이 열립니다.

있는 그대로의 세상

불법은 어찌 보면 굉장히 어렵고 고상한 것 같지만 이렇게 진실을 알고 보면 우리 삶의 일상적인 이야기, 지금 당장 내가 겪고 있는 괴로움과 직결되어 있는 문제들입니다. 고상한 언어를 쓸 아무런 이유가 없어요.

'내가 옳다,' '네가 옳다' 이렇게 시비하는 것이 색色입니다. 옳다 그르다 하지만 부엌에 가면 며느리 말이 옳고 안방에 가면 시어머니 말이 옳아요. 이쪽저쪽 이야기를 다 들어보면 그냥 두 사람의 생각이 다른 것이지 누가 옳고 누가 그르다고 할 수 있는 것이 없습니다. 이것이 바로 공空이에요. 이 동네에서는 동산이라 하고 저 동네에서는 서산이라고 하지만 이 동네와 저 동네를 떠나서 바라보면 동산도 아니고 서산도 아니에요. 이게 공입니다. 그러니 색은 색이 아니라 곧 공이에요. 공이지만 이 동네 가면 동산이라고 하고 저 동네 가면 서산이라 하듯이 또 색이라 이름을 붙인 것입니다. 그래서 색이 곧 공이요, 공이 곧 색입니다. 이 것을 색즉시공 공즉시색이라고 합니다. 『금강경』의 표현을 따르면 '상이 상이 아니다.'라고 합니다. 공이라는 이야기지요. 옳다 그르다 하지만 사실은 옳다 그르다 할 것이 없다, 모두가 마음 따라 일어난다는 것입니다. 이것이 곧 일체유심조입니다.

어떤 사건이 생겼을 때 어떤 것은 행운, 좋은 사건이라 하고 어떤 것은 불행, 나쁜 사건이라 합니다. 그러나 사실은 좋은 사건 나쁜 사건이라 할 것이 없습니다. 사건은 다만 사건일 뿐입니다. 좋은 사건과 나쁜 사건, 복과 재앙이 있다고 하는 것이 바로 현상 세계, 우리의 세계이지요. 그러나 사실은 복과 재앙이 따로 있는 것이 아니라 사람이 어떻게 받아들이느냐에 따라서 같은 사건이 복이 되기도 하고 재앙이 되기도 하는 것입니다.

부부가 같이 살면서 남편이 나쁜 인간이다, 아내가 나쁜 인간이다 하지만 사실은 누구도 나쁜 인간이 아닙니다. 내가 나쁘다고 생각하는 것이지 인간 자체는 그저 인간일 뿐입니다. 다시 말해 공입니다. 그런데 내가 나쁜 인간이라고 볼 수도 있고 좋은 인간이라고 볼 수도 있는 거예요. 나쁜 인간이라고 보면 내가 괴롭고 좋은 인간이라고 보면 내가 행복하지요. 다시 말해 색이라 하지만 사실은 색이라 할 게 없고, 색이라 할 것이 없지만 또 한 생각 일으키면 색이 된다는 겁니다. 그러니 이왕이면 좋은 마음을 일으키는 게 나한테 이롭지요.

온갖 교리며 가르침이며 이론이 사실은 아주 간단한 것입니다. 색즉시공 공즉시색이라느니, 제상諸相이 비상이라느니 한자를 써서 이야기하면 아주 고상하고 훌륭한 철학같이 여기고, 그냥 일상용어를 써서 이야기하면 '스님은 매일 그냥 생활 이야기만 한다'라고 생각합니다. 알고 보면 모두 같은 이야기입니다. 우리가 일상적인 삶의 문제를 가지고 이야기하지만 그 근본에는 다 이런 불교의 세계관이 깔려 있어요. 불교의 세계관이라는 것은 반드시 경전을 읽어야 알 수 있는 것이 아닙니다. 매일매일 우리가 접하는 세상의 진실한 모습이 그대로 불교의 세계관이에요. 이것을 제법실상이라고 말합니다. '모든 존재의 있는 그대로', '사실대로'라는 말입니다.

그런데 우리는 세상을 사실대로 보고 있습니까? 아니요, 거꾸로 보고 있습니다. 이것을 전도몽상이라고 합니다. 환영을 가지고 본다, 망상 속에 빠져 있다는 뜻입니다. 그래서 다 꿈같고 아지랑이 같고 물거품 같다고 하는 것이에요. '약견제상비상若見諸相非相이면 즉견여래卽見如來라.' 상이 상이 아닌 줄 알면 곧 부처를 본다는 뜻입니다. 오늘 우리는 '저 나쁜 인간', '저 죽일 놈', '저 원수'라고 하지만 사실은 이 모두가 내가 스스로 지어낸 상이고 우리가 그 상에 사로잡혀 집착하고 있을 뿐입니다.

자기 삶에 대해서 진지하게 살펴야 합니다. 고문을 당한 것은 불행입니다. 그런데 그 짧은 시간에 깨치면 결과적으로 좋은 일, 다행한 일이 됩니다. 다행이라고 일부러 또 고문당하러 가겠다거나 꼭 고문을 당해야 한다는 말이 아닙니다. 일어나지 않았으면 좋을 일이지만 일어났다고 해서 꼭 손해본 것만은 아니라는 뜻입니다. 그 동안 집에 편안히 있었으면 어떤 공부를 해서 그렇게 크게 깨치겠어요. 그러니 이 일은 좋은 일도 아니고 나쁜 일도 아닙니다. 그것을 통해 교훈을 얻으면 나에게 좋은 일이 되고, 원한에 사무쳐 괴로워한다면 인생의 큰 불행이 되지요.

인생을 살면서 일어나는 어떤 일도 좋은 일도 없고 나쁜 일도 없습니다. 좋은 일이라고 했던 게 내일 가면 나쁜 일이 될 수도 있고, 나쁜 일이라 했던 게 내일 가면 좋은 일이 될 때도 있습니다. 그것은 다만 하나의 일일 뿐이에요. 그것을 어떻게 자기의 삶에 유용하도록 만들어내느냐는 오직 본인의 마음에 달렸습니다.

현재는 과거 인연의 총합

우리는 자기 삶이 엉망이 되었다면서 늘 다른 사람을 원망합니다. 그러나 지금의 처지는 모두 자기가 만든 것이지 털끝만큼도 누가 한 것이 아닙니다. 매 순간마다 내가 이렇게, 혹은 저렇게 하는 것이 낫겠다 생각하고 스스로 선택해 온 결과입니다.

밤거리를 가는데 강도를 만났습니다. 목에 칼을 딱 들이대면서 돈 안 주면 죽이겠다고 합니다. 그러면 아무리 애지중지하는 돈, 아무리 귀한 결혼반지라도 내어주고 사는 쪽을 선택합니다. 몸 안 주면 죽이겠다고 하면 아무리 정조관념이 강한 여자라도 내어줄 수밖에 없습니다. 나중에서야 돈 빼앗겼다, 반지 빼앗겼다, 성폭행 당했다고 울며불며 수십 년 동안 한이 맺혀 살아가지만 사실 그 순간에는 가장 잘한 일입니다. 양자택일 앞에 섰을 때 자기가 바른 선택을 한 거예요. 불행한 결혼생활도 마찬가지입니다. 결혼을 할까 말까 저울질하다가 선택의 순간에 결국은 결혼하는 쪽으로 스스로 선택한 거예요. 다른 사람이 선택해준 것이 아닙니다. 이렇게 순간순간 가장 유리한 판단을 한 것이 쌓여서 여기까지 온 거예요.

화가 난 나머지 다른 사람을 때려서 폭행죄로 10년 감옥살이를 한다고 칩시다. 나중에는 후회하지만 그래도 화가 치밀어 오르는 그 순간에는 감옥에 10년 가는 한이 있더라도 이런 놈은 패버리는 게 잘하는 일이라고 생각해서 때린 것이지요. 그때 옆에서 "야! 폭행하면 안 돼. 불자가 그러면 되냐?"라고 말려본들 그때는 "내가 부처냐?"입니다. 부처되길 포기하고 마음껏 화풀이해서 감옥 가는 걸 선택한 것이지요. 참아야 부처가 되는 거라면 부처고 뭐고 다 귀찮고 싫은 겁니다.

우리 모두는 이렇게 선택에 선택을 거듭해서 지금 여기까지 온 거예요. 이걸 자업자득自業自得이라고 합니다. 좋은 결과든 나쁜 결과든 모두 우리 스스로가 만들어낸 결과이지요. 그런데 닥친 순간에는 잘한다고 했지만 지난 뒤에 보면 잘못한 게 너무 많아요. 순간순간 잘했지만 지난 뒤에 다시 보면 이것도 잘못했고 저것도 잘못했다 싶지요.

왜 이럴까요? 세상을 바로 보고 사는 게 아니라 눈 감고 살기 때문이에요. 어리석어서 그렇습니다. 잘못 살고 싶은 사람은 아무도 없어요. 다들 순간순간은 나름대로 잘살았어요. 그러나 앞을 보지 못하고 어리석었기 때문에 화를 자초한 것입니다. 쥐가 쥐약을 먹고 물고기가 낚싯밥을 물 때는 제 딴에는 잘한다고 한 것입니다. 보이지 않아서, 몰라서 그랬을 뿐이지요. 무명無明, 즉 무지가 바로 모든 고苦의 원인입니다. 자기가 눈을 떠서 그 무지를 깨뜨리면 고가 일어날 일이 없습니다. 그러니 자유롭고 행복해지려면 무엇보다도 매 순간 깨어있어서 이런 고를 가져올 어리석은 마음을 일으키지 말아야 합니다.

한순간 어리석어서 그런 행위를 해버렸다면 스스로의 선택에 따르는 과보를 기꺼이 받아들여야 합니다. 이것을 인연과보因緣果報라고 하지요. 그런데 우리는 과보를 받아들이려 하지 않습니다. 자기가 쥐약을 먹어 놓고는 배 아프다고 데굴데굴 구르며 하늘을 원망하고 전생을 원망하고 사주팔자 타령을 합니다.

우리 모두는 자신의 얼굴, 모습, 인격 등 자신의 삶에 대해 스스로 책임을 져야 합니다. 결혼을 한 사람은 결혼에 대해서 책임을 져야 하고, 아이를 낳았으면 부모로서의 책임을 져야 합니다. 취직을 했으면 직장인으로서 책임을 져야지요.

책임을 지지 않으려면 자기 위치를 바꿔야 합니다. 미혼인 남성이 오늘은 이 여자하고 데이트하고 내일은 저 여자하고 데이트한다고 크게 문제되지 않습니다. 그런데 결혼한 남자는 다른 여자하고 커피숍에서 커피만 마셔도 문제가 됩니다. 다른 사람들이 문제로 삼지 않아도 부인이 문제로 여기니까 당연히 문제가 되지요. 그런데 이런 경우 남자들은 부인이 문제 삼으면 굉장히 억울하게 생각합니다. 그냥 커피 한 잔 마셨는데 뭐가 문제냐는 거예요. 자기 생각에는 아무 문제 아닌데 마누라가 문제라고 하니 도대체 이게 왜 문제가 되냐고 화를 내요. 그게 문제가 되지 않으려면 자기 위치를 '총각'에 놓은 채 살았어야지요.

우리는 자기 성찰을 할 수 있어야 합니다. 불자에게만 해당하는 이야기가 아닙니다. 종교를 떠나서 '사람으로서 어떻게 살 것인가'에 관한 이야기입니다.

선택과 책임

한 전업주부의 이야기입니다. 그녀의 남편은 학벌도 좋고 직장 다니며 돈도 열심히 벌고 퇴근하면 곧장 귀가하는 등 흔히 말해 도덕적으로 흠 잡을 데가 없는 사람이에요. 그런데 아내분은 그 남편과 못 살겠대요. 왜 그러는지 물어봤더니 자기는 어릴 때부터 주말이 되면 남편과 함께 교외 커피숍에 가서 커피 한 잔 마시며 음악 듣고 대화를 나누는 것이 꿈이었대요. 그런데 이 남자는 그런 멋이 없다는 거예요. 남편이 바람을 피운다든지 고집이 세다든지 폭력을 행사해서가 아니라, 단지 그런 멋이 없다는 게 이 분의 유일한 불만이었습니다. 자기 관점에서 볼 때 남편이 너무 무미건조한 거예요. 그저 일하고 먹고 잠만 자니 왜 사는지 모르겠대요. 그런데 자기는 밥을 좀 적게 먹어도 괜찮고 돈을 적게 벌어와도 괜찮으니 그런 나름의 꿈과 멋만 충족되면 좋겠다는 거지요. 이 분은 남편에게서 그게 채워지지 않으니까 결국 남편 아닌 다른 사람을 좋아하게 되었어요. 그래서 차 마시며 음악 듣고 이야기 나누다가 결국은 남편과 이혼을 했지요. 그러니까 시댁뿐 아니라 친정식구들이며 친구들까지도 미쳐도 보통 미친 게 아니라고 비판했어요. 그렇게 착하고 좋은 남자를 두고 자기 복을 자기 발로 찼다고 야단들이었습니다. 그런데도 그런 일상생활에 만족이 안 되는 걸 어떻게 하겠어요.

저도 한때는 제가 가진 생각은 숭고하고 다른 사람들의 생각은 별거 아니라고 생각한 적이 있었습니다. 그런데 살다 보니 그 사람들이 그런 낭만을 좋게 생각하는 것이나 제가 부처님 법문만 들을 수 있으면 지옥에 가더라도 괜찮다고 하는 것이나 다 똑같았습니다. 그 사람이 저 같은 사람을 보면 인생을 왜 그렇게 사냐고 미친 사람 취급할지도 모릅니다. 실제로 제게 이렇게 묻는 사람들이 많습니다.

"스님, 인도는 기온도 사십 몇 도까지 올라가고 총 맞아 죽을 정도로 위험하다던데요. 그리고 가서 썩 환영받는 것 같지도 않은데 왜 굳이 돈 가지고 가서 학교 지어주는지 모르겠습니다."

한국에서 법문하는 건 그나마 사람들이 좋아해주는 재미라도 있으니 이해가 되는데 인도까지 가는 건 도무지 이해가 안 된대요. "왜 그래요? 남편한테 무슨 불만이 있습니까?" 이렇게 말하는 것이나, 그 사람이 "절에 무슨 불만이 있어서 다 팽개치고 인도 가서 그런 일을 합니까?"라고 이야기하는 것이나 사실은 다르지 않습니다.

지지자의 많고 적음이나 숫자의 크고 작음으로 말할 수 있는 게 아니에요. 그 사람에게는 그게 소중한 겁니다. 그러니 우리는 사람 하나하나를 귀하게 여겨야 해요. 남을 귀하게 여기라는 말에는 자신의 꿈과 이상도 귀하게 여겨야 한다는 뜻도 포함합니다.

"저는 제 꿈과 이상을 귀하게 여기기 때문에 함부로 남의 꿈과 이상을 짓밟고 싶지 않습니다. 제 꿈과 이상이 남에 의해서 훼손되기를 원치 않기 때문에 저 역시 남의 꿈과 이상을 훼손하고 싶지 않아요."

이렇게 생각해야 합니다. 그런데 이렇게 살려면 서로 대화가 필요합니다. 자신을 소중하게 여김과 동시에 다른 사람도 소중하게 여겨 대화를 통해 상대의 꿈과 이상에 관한 이야기를 듣고 존중해 줄 수 있어야지요.

그런데 우리는 인생을 참으로 무책임하게 삽니다. 빛깔은 이 꽃이 좋고 모양은 저 꽃이 좋고 잎은 저게 좋아요. 이걸 욕심이라고 합니다. 남녀가 만날 때도 애인으로 사귈 때 좋은 사람, 같이 살 때 좋은 사람, 일할 때 좋은 사람을 골라 만나려고 하지요.

낭만적인 커피 한 잔의 꿈과 이상이 있던 그 여자 분이 왜 결국은 남편과 헤어지게 되었을까요? 자기 것만 고집하지 남편이 갖고 있는 꿈과 이상은 소중하게 생각해주지 않았기 때문입니다. 그런 것 백만 가지 해 줘도 나는 싫으니 이걸 해내라고 한 거예요. 남편이 생각할 때에는 '내가 너한테 못해준 게 뭐 있나.' 싶겠지요. 남편 역시 아내의 불만을 이해하지 않은 것이지요. 그래서 늘 자기를 먼저 봐야 합니다. 욕심에 눈이 어두워지면 고통을 자초하게 돼요.

욕심을 버리고 어느 것을 중요시할 것인지 선택해야 합니다. 그럴 때 비로소 사랑하는 내 아내, 내 남편, 내 부모, 내 자식이 내가 가는 길에 장애 요인이 되지 않습니다. 아내의 뜻을 따르자니 정토회 일을 하기 어렵고 정토회 일을 하자니 아내가 장애가 되고, 부모의 뜻을 따르자니 정토회 일을 하기 어렵고 정토회 일을 하자니 부모에게 불효하게 되어 갈등하는 것은 모두 잘 살펴보면 자기 내면의 욕심 때문입니다.

자기를 돌아보면 문제 해결이 참 쉽습니다. 그러나 상대에게 책임을 떠넘기면 해결책을 찾기가 굉장히 어려워집니다. 내가 참여한 정토회가 내 사랑에 장애가 되고, 내가 선택한 아내가 내 이상을 실현하는 데 장애가 되고, 나를 낳아준 부모가 내 가고자 하는 길에 장애요인으로 등장하고, 내가 낳은 자식이 내 꿈을 실현하는 데 장애가 된다면 이것보다 더한 불행이 어디 있겠습니까? 이 모두가 자기에게 깨어있지 못하기 때문에 벌어지는 일들입니다.

받아들임의 원리

　우리들의 생각이나 의견, 의지는 각자의 경험과 자란 환경 등에 의해 형성됩니다. 어떤 환경에서 보고 듣고 자랐느냐에 따라서 일본말도 하고 한국말도 하고 중국말도 하고 몽골말도 하듯이, 어떻게 글자를 익혔느냐에 따라서 한글도 쓰고 영어도 쓰고 일본어도 쓰지요. 어떤 음식을 먹고 자랐느냐에 따라서 마늘을 좋아하는 사람도 있고 김치를 좋아하는 사람도 있고 단무지를 좋아하는 사람도 있어요.

　이것은 흰 종이에 어떤 물감을 들이느냐와 같은 문제입니다. 어떤 색깔이 좋다, 나쁘다고 말할 수 있는 게 아니에요. 자연에는 한 가지 종류, 한 가지 빛깔, 한 가지 모양의 꽃만 있는 게 아닙니다. 수만 가지 종류, 수만 가지 색깔, 수만 가지 모양의 꽃이 있듯이 인류는 이렇게 이 세상에 각양각색의 풍성한 문화를 만들어왔습니다. 어쩌면 그것이 자연의 원리라고 할 수 있겠지요.

그런데 오늘날 우리 삶의 모습을 보면 몇 가지 종만 이 지구상에 남기고 나머지 종은 다 없애려는 것 같습니다. 특정한 종류의 색깔과 모양을 가진 꽃만 남기고 나머지는 모두 없애려는 것처럼 오늘날 우리는 한 가지 문화, 한 가지 종교, 한 가지 언어 등 한 가지를 중심에 놓고 나머지는 다 열등하고 나쁜 것처럼 생각합니다. 인류가 수십만 년에 걸쳐 축적해온 수만 가지 문화와 언어와 종교와 민족이, 마치 자연계에서 생물종이 사라지듯, 지금 급격하게 사라지고 있습니다. 생물종을 보호하는 것만 중요한 게 아니라 이런 갖가지 소수민족, 소수종교, 소수문화들을 보호하는 것은 우리 인류에게 아주 중요한 과제입니다. 그런데 자연에 대한 보호, 생물종에 대한 보호에는 눈을 뜨면서 인류의 다양한 문화를 보호하는 데는 아직 눈 뜨지 못한 걸 보면 우리는 아직도 정신문화 수준이 낮다고 해야 할 것입니다.

여기서 더 나아가서는 개개인 저마다의 생각과 습관, 느낌을 소중히 여길 줄 알아야 합니다. 그런데 오늘날 우리는 그것을 소중하게 여기지 않지요. 남은커녕 자신의 아내나 남편처럼 가장 가까이 있는 사람들의 생각이나 취향조차 존중하지 않습니다. 오직 자기의 생각, 자기의 습관, 자기의 이념, 이것을 중심으로 놓고 다른 것을 용납하지 못하기 때문에 화가 나고 짜증이 나고 상대가 미워지고 원망이 듭니다. 우리가 괴롭다고 말하는 것은 바로 자기만이 옳다는 뜻입니다. 자기 것만 고집하고 있다는 말이에요. 그것만 내려놓으면 화날 일도 없고 짜증날 일도 없고 미

위할 사람도 없습니다.

다 자기 취향이고 생긴 대로 사는 것이니 무조건 그냥 놓아두고 살자
는 말이 아닙니다. 자연에 수만 가지 꽃이 있고 수만 가지 식물이 있지
만 내가 사는 내 뜰에는 내가 좋아하는 꽃을 심을 수 있는 자유 또한
있습니다. 마찬가지로 내 삶에 있어서는 내 생각을 중심으로 해 놓고 살
수가 있습니다. 자기 생각과 맞는 사람하고 살 수도 있고 뜻이 맞는 사
람끼리 살 수도 있어요. 다만 자기 뜻과 맞지 않는다고 남을 미워하는
것은 잘못되었다는 말입니다. 저 사람의 얼굴은 내 뜻에 맞지만 생각은
내 뜻에 안 맞는다고 하면 꽃 색깔은 마음에 드는데 모양은 마음에 안
든다는 것과 같습니다. 그러나 그 꽃은 그 종에 그 모양에 그 색깔인 존
재입니다. 그걸 받아들이면 통째로 받아들이고, 싫으면 통째로 심지 않
으면 되는데 개중 빛깔만 가져오려 들거나 모양만 가져오려 들면 괴로움
이 생깁니다.

그러니 우리가 사람을 만나 함께할 때는 우선 그 사람을 있는 그대로
인정해야 합니다. 내가 어떤 꽃을 선택할 것인지는 자유입니다. 그러나
그 꽃의 모양과 빛깔 중에 어느 하나만 좋고 어느 하나는 싫다 하면 그
것은 현실적으로 가능한 일이 아니에요. 그러니 한두 가지가 좋아서 받
아들였다면 그 나머지도 받아들여야 합니다.

정토회의 예를 들어볼까요? 정토회에서는 사람의 얼굴이나 성별, 학
벌을 중요시하지 않습니다. 인간이 가진 수만 가지 중에서 그 사람의 꿈
이 무엇인지, 무엇을 지향하는지를 제일 중요하게 생각해요. 그 조건에

맞고 동의를 한다면 누구나 다 함께할 수 있습니다. 그걸 제외한 나머지는 그 사람의 개성입니다. 여성이든 남성이든 음식 먹는 습관이 어떻든 그건 그 사람의 문제예요.

그래서 몇 가지 규칙을 정했습니다. 정토회는 환경적인 문제를 중요하게 여깁니다. 휴지를 쓰든 물을 쓰든 그것은 개인의 자유이지만 우리는 현재 일반쓰레기에서 차지하는 비율이 가장 높은 휴지를 쓰지 않는 삶을 살아보자고 의논하였습니다. 그래서 이러한 방향과 생각에 동조를 해야 정토회에 참여할 수 있습니다. 그렇다고 동조하지 않는 사람은 나쁜 사람일까요? 아닙니다. 그런데 막상 정토회에 들어와 놓고는 '나는 휴지는 꼭 써야 되겠다. 이건 내 개성이다.' 이렇게 주장을 해서는 안 됩니다. 반대로 정토회가 사람의 개성을 다 획일화시키려고 해도 안 되겠지요. 그건 애초에 불가능한 일입니다. 이처럼 어떤 모임이나 어떤 일을 할 때는 그 성격을 분명히 해야 합니다. 그래서 참가하려는 사람이 선택할 수 있도록 해야 하지요.

마찬가지로 결혼할 때도 그런 몇 가지 선택이 필요합니다. 모든 것을 자기 마음대로 하고 싶으면 혼자 사는 게 낫습니다. 마음대로 하고 싶으면서 같이 살고도 싶다면 갈등이 생겨요. 가고 싶으면 가고, 오고 싶으면 오고, 저처럼 어떤 목표를 두고 함께하는 일 외의 개인적인 문제에서는 별로 구애를 받고 싶지 않다면 혼자 살아야 해요. 그런데 결혼을 하려면 자기 지향에만 딱 맞게 사는 게 아니라 상대의 요구에도 맞춰줘야 합니다. 휴일에 남편과 카페에서 잔잔한 음악을 들으면서 커피 한 잔 마시는 게 꿈이라는 여자와 결혼했다면, 남편은 무슨 일을 하러 다니든 일주일에 한 번쯤은 아내의 요구를 들어줘야 해요. 그걸 해 주지 않으면 불평이 생깁니다. 그런 소망을 가진 사람이 잘못인 건 아닙니다. 그런 소망을 가진 사람을 배우자로 선택할 때는 자기의 삶 속에서 그걸 들어줄 시간을 내야 하지요. 그런데 그런 것을 들어줄 시간을 내고 싶지 않다면 그런 사람과 결혼하지 말았어야지요. "당신은 일이 중요해, 내가 중요해?" 결혼하면 남편들은 부인에게서 이런 소리 많이 듣게 됩니다. 그러니 선택을 해야 합니다. 사랑이 중요한지 종교가 중요한지 선택을 해야 합니다.

이게 어찌보면 우스운 것 같지만 그게 인간 심리입니다. 인간은 다 자기가 귀하게 여기는 상대가 자기 역시도 귀하게 여겨 주기를 바랍니다. 어떤 사람은 커피를 마실 때는 커피가 중요하지 누구와 마시느냐는 중요하지 않습니다. 그러나 커피가 중요한 게 아니라 누구와 마시느냐가 중요한 사람들도 있어요. 그럴 때는 그것을 받아들여야 합니다. 우리들은 그렇게 조건을 내거는 사람을 한심하게 여기기 쉽습니다. 그러나 그건 우리 생각일 뿐입니다. 그냥 그 사람은 그런 특징을 갖고 있는 거예요.

자기를 아끼고 남도 아끼는 삶

많은 사람들이 세상이 복잡하다고 말합니다. 그런데 세상이라는 것은 복잡하고 말고 할 것 없이 그냥 그런 거예요.

날씨도 그렇습니다. 조금만 더워도 에어컨을 켜고 조금만 추워도 히터 켠다고 난리지만 변덕을 부리는 것은 사람일 뿐 날씨는 지금처럼 늘 그랬습니다. 늘 맑기만 해도 살 수 없고 늘 비만 와도 살 수 없어요. 맑은 날도 있고 비 오는 날도 있어서 지금의 우리 삶이 존재합니다. 그런데 우리는 자기 욕구에 맞지 않는다고 맑은 걸 시비하고 비 오는 것을 시비하지요. 자기 관념의 틀에 세상을 꿰어맞추려 드니 자기 관념의 틀로 이해가 될 때에는 세상이 한눈에 들어오는 것 같다가도 자기 관념의 틀에 세상이 맞지 않으면 당장 세상이 복잡하고 혼란스럽다고 한탄합니다. 자기가 세상을 잘못 보고 있다는 생각은 하지 않아요. 사람에다 옷을 맞춰야 하는데 옷에다 사람을 맞추는 것과 같습니다. 복잡한 것은 우리들의 생각이고 어리석은 것은 우리들의 마음이지 세상은 어리석지도 않고 복잡하지도 않아요. 세상은 그냥 그런 것입니다.

그런데도 우리는 자기를 고집하고, 자기 것을 고집하고, 자기가 옳다고 고집해서 결국은 자신을 괴롭힙니다. 화내고 짜증내고 미워하고 슬퍼하고 외로워하는 것은 모두 괴로움이라고 한마디로 요약할 수 있어요. 누가 날 이렇게 괴롭힐까요? 내가 나를 괴롭히는 것입니다. 다시 말해 괴로워하고 있다는 것은 자기가 자기를 함부로 한다, 자기를 아끼지 않는다는 말입니다. 과음을 하다가 알코올 중독이 되어서 몸이 아프다고 소리지르는 사람이 어떻게 보입니까? 본래의 몸은 건강하지만 어리석어서 자기가 자기 몸을 병들게 만들었지요.

마찬가지로 우리들의 마음은 본래 청정한데 내가 일으킨 한 생각에 사로잡혀서 결국은 미워하고 원망하며 스스로를 괴롭히게 되는 것입니다. 내가 나를 이렇게 함부로 하고 학대하는데 누가 나를 좋아하겠습니까? 나도 나 자신을 귀하게 여기지 않고 사랑하지 않는데 이 세상의 어떤 사람이 나를 소중히 여기고 사랑해 줄까요? 내가 나를 사랑할 줄 모르고 소중히 할 줄도 모르는데 어떻게 남을 소중히 여기고 남을 사랑할 수 있을까요? 내가 나를 모르는데 어떻게 남을 알 수 있겠습니까? 내가 나를 자유롭게 하지 못하는데 어떻게 남을 자유롭게 하겠으며, 내가 나 자신도 행복하게 하지 못하는데 어떻게 남을 행복하게 해준다고 말할 수 있습니까? 말이 안 되지요.

그러니 먼저 스스로를 아끼고 사랑해야 합니다. 자기를 사랑한다는 것은 자기를 더 이상 학대하고 못살게 굴지 않아야 한다는 뜻입니다. 자기가 자기를 사랑하고 아끼며 소중히 여긴다는 것은 남에게서 사랑받을 수 있는 출발점이자 남을 사랑할 줄 아는 출발점이기도 합니다. 자기를 고집하고 자기 것을 고집하고 자기 의견을 고집하는 것이 바로 자기를 학대하는 길입니다.

그래서 우리는 늘 정신차려야 합니다. '내가 누구인가?' 이것을 늘 살펴서 자기에게 사로잡히지 않아야 합니다. 그리고 천하 만물이 본래 내 것이 아닌 줄 알아야 합니다. 작은 티끌 하나 속에도 천지의 은혜가 있고 만인의 노고가 있는 줄 알아야 합니다. 그럴 때 비로소 그 물건을 소중하게 여길 줄 알고, 필요한 사람이 있을 때 그 물건이 기꺼이 쓰이도록 할 수 있게 됩니다.

약은 아픈 사람이 먹을 때 약이지 아프지 않은 사람이 먹으면 독이 됩니다. 그런 것처럼 음식은 배고픈 사람이 먹어야 음식이지 배부른 사람이 먹으면 그것은 더 이상 음식이 아닙니다. 그런데 오늘 우리는 혓바닥의 맛에 집착하거나 그 습관에 사로잡혀 해로운 먹을거리를 찾고 음식을 필요 이상으로 많이 먹어 자신을 해칩니다. 어리석기 짝이 없는 행동이지만 오랫동안 나와 주위 사람 모두 그렇게 해 왔기 때문에 그것이 마치 잘하는 일인 양 생각하는 것이지요. 많이 먹고는 소화제를 찾고, 많이 먹고는 살을 빼야 한다고 동동거립니다. 먹을 것이 없어서 영양실조에 걸려서 병원에 간다면 이해가 되지만 많이 먹고 배탈이 나고 많이 먹고 살이 쪄서 병원에 실려와 지방 제거 수술을 받고 위세척을 하는 것은 어떻게 이해해야 할까요?

이는 우리가 깨어있지 못하기 때문에 그렇습니다. 자기를 알지 못하고 존재의 본질을 알지 못하기 때문입니다. 다시 말해 법의 실상을 모르기 때문입니다.

우리는 항상 불평불만이 많습니다. 집에서 아내를 봐도 답답하고 남편을 쳐다봐도 답답하고 애가 하는 짓을 봐도 답답합니다. 직장 상사와 동료들도 답답하고 스님들 하는 모양을 봐도 답답하고 지하철이나 버스에서 새치기하는 사람을 봐도 답답하지요. 세상이 온통 뒤죽박죽인 것만 같습니다.

그런데 이렇게 불평불만 거리가 많은 것이 이번만, 아니면 올해만 그런 것일까요? 세상은 작년에도 그랬고 재작년에도 그랬습니다. 내년 내후년도 그럴 것입니다. 두더지 잡기 게임처럼 이걸 때리면 저게 튀어나오고 저걸 때리면 이게 튀어나오고 빨리 때리면 더 빨리 튀어나옵니다. '이것만 해결이 되면 이제 소원이 없겠다.' 이렇게 말하지만 결코 그렇지 않습니다. 취직만 되면, 장가만 가면, 애만 낳으면, 애 대학만 가면 인생이 좋아질 것 같지만 갈수록 고민과 불평은 더 많아집니다. 인생이 정리되는 맛이 있기는커녕 갈수록 걱정이 많아집니다. 정년퇴직하면 삶이 한가해질까요? 절대 그렇지 않습니다.

이처럼 인생은 살면 살수록 바빠지고 살면 살수록 복잡해집니다. 자유로워지기는커녕 걸리는 것이 점점 더 많아져요. 그래서 이 세상을 고쳐서 내가 편안해지겠다고 생각하면 죽을 때까지 그리 될 가능성이 별로 없습니다. 이생뿐 아니라 내생^{來生}도 마찬가지입니다. 세상은 늘 그런 것이니까요.

세상을 복잡하다고 말할 것이 없습니다. 내가 세상의 이치를 모르니까 세상이 복잡한 것입니다. 내가 이 세상의 이치를 안다면 복잡할 것이 하나도 없어요. 자동차에 대해서 모르는 사람은 보닛^{bonnet}을 열어보면 어지러이 얽히고설킨 부속에 기가 죽지만 자동차를 잘 아는 사람이 보면 하나도 복잡한 게 없는 구조입니다. 세상도 마찬가지입니다. 있을 만한 것들이 있을 자리에 있고, 생길 만하니까 생겼습니다.

그러니 일이 없어서 한가한 게 아니라 일이 많은 가운데 한가하고, 인연을 다 끊어버려서 자유로워지는 것이 아니라 온갖 인연이 있는 가운데 자유로워야 합니다. 연꽃이 진흙탕 속에서 피지만 진흙에 물들지 않듯이 우리도 온갖 혼잡함 가운데서 자유로워야 합니다. 연잎이 진흙에 물들지 않는 것은 연잎이 스스로 매끄럽기 때문이지요. 내가 걸림이 없다면 이런 혼탁한 세상에서도 나는 걸릴 게 없습니다. 그래서 꾸준히 정진해야 하는 것입니다.

어떻게 행복하고 자유롭게 살것인가

어느 학생이 장문의 편지를 보내 질문하고 싶다고 했어요. 그래서 제가 직접 불렀습니다.

"질문이 뭐냐?"

"스님은 왜 봉사합니까?"

"네 어머니가 가게를 한다 치자. 어머니가 편찮으시다고 너더러 주말에 가게 좀 봐달라는데 너는 여자 친구하고 놀러가게 되어 있어. 그러면 일요일에 가게 가고 싶을까, 가기 싫을까?"

"가기 싫죠."

"그럼 '가게 갈래, 여자 친구하고 놀러 갈래?' 하면 어느 거 할래?"

"놀러 가죠."

"그러면 어머니가 가게 봐달라는 게 귀찮은 일인가, 아닌가?"

"귀찮은 일이죠."

"그래, 그래서 친구하고 어울려서 놀러 갔다 하자. 그런데 한 달 있다가 어머니가 갑자기 돌아가셨어. 자, 그러면 어머니가 돌아가신 후에 생각해 보니 친구하고 놀러간 게 잘한 일이라고 생각되겠니, 친구하고 놀러가지 않고 엄마를 도와주는 게 잘한 일이라고 생각되겠니?"

"그야 엄마를 도와주는 게 잘한 일이겠죠."

"그래. 한 달도 못가서 생각이 달라졌지? 한 달, 1년, 나아가 10년이고 20년 뒤에 돌아봤을 때 어느 것이 내 인생에 이로울까를 생각해야 해. 어머니를 도와주는 것은 어머니를 위해서만이 아니라 나를 위해서도 더 나은 일이야. 봉사도 그렇다."

봉사라는 것은 남에게도 도움이 되지만 그 전에 나에게 더 큰 이익이 됩니다. 길 가다가 넘어지는 애를 일으켜 세워주는 것과 길 가다가 어린애의 발을 걸어서 일부러 넘어뜨리는 것 중 어느 것이 나에게 이로울까요? 아이의 입장은 놔두고서라도 일으켜 세워주는 편이 나에게 이롭습니다. 뿌듯한 기쁨이 있고 시간이 흐를수록 더 뿌듯하니까요. 그런데 아이에게도 이로우니 더 좋지요. 그래서 우리가 보시하고 봉사하고 수행하는 것입니다. 남을 돕는 일은 나에게 좋은 일입니다. 수행도 마찬가지입니다. 수행 정진하는 것은 나에게 좋은 일이에요. 정신차리고 사는 것은 나에게 좋은 일입니다.

그런데 우리는 자기한테 좋은 일을 안 하고 외면합니다. 달콤한 음식은 혓바닥에는 즐겁지만 몸에는 나쁠 때가 있습니다. 그런데 혓바닥의 맛에 집착하면 혓바닥에 좋은 음식만을 먹어 몸에는 나쁜 결과가 생기곤 합니다. 그래서 다음날 후회하게 되지요. 술은 목으로 넘어갈 때 즐겁습니다. 당장 술마시는 오늘 저녁에는 기분이 좋아요. 그러나 내일 아침에는 괴롭습니다. 그냥 하루하루만 들여다봐도 내생이 보이는데 굳이 내생 이야기 꺼낼 것도 없어요. 이처럼 어리석은 행동을 매일 똑같이 반복하는 것이야말로 수없는 생을 고통 속에서 윤회전생하는 원리입니다.

그러니 이런 허깨비 놀음에서 벗어나야 합니다. 죽은 뒤 천당 가니 극락 가니 하며 어떤 추상적인 걸 탐구하라는 게 아니에요. 지금까지 수도 없이 "나는!" 하고 살았지만 "네가 누구냐?"라고 물으면 대답을 못합니다. 지금까지 수도 없이 "내 거야!" 하고 살았는데 "왜 네 것이니?" 하고 물으면 모릅니다.

이념과 이론, 관습과 습관, 사상과 관념에 사로잡혀서 사물을 있는 그대로 보지 못하고 잘못 인식하는 것은 애초에 산길을 잘못 접어든 것과 같습니다. 생각을 잘못해서 인생을 살기 때문에 인생이 피곤해요. 그래서 그렇게 노력을 해도 죽을 때까지 자기 인생 문제도 해결하지 못합니다. 그래서 자기 인생을 남에게 도와달라고 매달립니다. 남편, 자식, 세상에 매달리다가 안 되면 하느님, 부처님에게 매달립니다. 그렇게 하느님, 부처님께 빌어도 문제는 해결되지 않습니다.

한 생각만 돌이키면 내 인생의 문제는 끝나버립니다. 애초에 빌고 도움을 요청할 일이 없어져요. 그 다음부터는 하는 일마다 한가해집니다. 남 돕는 일밖에 할 일이 없거든요. 남을 도와야 한다는 게 아니라 말하고 행하는 모든 것이 다 남 돕는 일이 된다는 뜻입니다. 자기 할 일이 많은 사람은 제 일에 바빠 남을 데려와 자기 일을 시키지만, 자기 할 일이 없는 사람은 결국 남의 일을 거들어주게 됩니다.

먹고 입고 자는 것을 예로 들어 보겠습니다. 우리는 그것을 복잡하게 해결하려다 보니 머리가 허옇게 셀 때까지 평생 해결하지 못하고 전전긍긍합니다. 그러나 부처님은 수행자들의 의식주 문제를 간단히 해결하셨어요. 음식은 남이 먹다 남긴 것을 얻어먹고 옷은 남이 버린 것을 주워 입고 잠은 나무 밑이나 동굴에서 자도록 했더니 평생 의식주 해결하는 데 허비할 시간으로 남을 돕는 일을 할 수 있게 되었습니다.

옷을 예로 들어볼까요? 수행자는 옷 한 벌로 잠옷, 외출복, 법복을 두루 삼습니다. 색도 모양도 하나뿐이니까 무엇을 입을까 고르면서 시간 보낼 일이 없습니다. 그런데 여러분은 가진 옷의 개수와 종류가 얼마나 많습니까? 구입할 돈을 버느라 시간 보내고, 가서 고르고 사느라 시간을 보내고, 아침마다 옷장에서 골라 입느라 또 시간을 보냅니다. 화장하고 음식을 먹고 잠자는 것도 마찬가지입니다. 죽어라 일해 벌어서 집 사고 가구 사느라 다 사용합니다. 또 술 마시고 담배 피고 잡담하고 골프 치고……. 이렇게 보냅니다. 그런데 저는 술 마시고 잡담하면서 보내는 시간이 하나도 없어요. 사람들은 저한테 어떻게 일을 그렇게 많이 하느냐고 묻습니다. 100시간 중에 많은 시간을 먹고 입고 노는 데 쓰는 사람과 100시간을 대부분 다른 사람 돕는 데 쓰는 사람이 하는 일을 비교하면 그만큼 차이가 날 수밖에 없지요.

담배 피우는 사람더러 담배 끊으라고 하면 담배 피우는 사람 입장에서는 이해가 안 되겠지요. 그렇지만 부처님이 심술이 나서 여러분 좋아하는 일을 하지 말라고 하겠습니까? 아무리 비싸고 좋은 담배도 피우는 것보다는 안 피우는 것이 몸에 훨씬 좋습니다. 몇 백 달러짜리 술을 마셨다고 자랑들 하지만 마시지 않는 것이 건강에는 훨씬 좋습니다. 그런데 그것 살 돈 번다고 시간을 보내고, 기껏 번 돈으로 건강을 해치느라 시간을 보내고, 나중에 그 건강 회복한다고 또 시간을 보냅니다. 그렇게 사니 자기를 위해서도 시간이 늘 부족하니까 부처님, 하느님까지 끌어들여서 자기 일 도와달라고 아우성입니다. 그렇게 인생을 복잡하고 힘들게 사는 것이 우리 중생입니다.

지금 내 인생이 여기까지 온 것은 모두 나의 책임입니다. 그러면 내가 인생을 잘못 살려고 해서 잘못 산 것일까요? 그렇지 않습니다. 어리석어서 그렇습니다. 그러니 이미 지나간 것에 대한 결과는 겸허히 받아들이고 책임을 지되 지금부터는 자기에게 유리하도록 전환하면 됩니다. 혼자면 혼자여서 좋고 둘이면 둘이라서 좋은 삶을 사세요.

남편이 고집이 세고 문제가 많은 경우 그런 남자와도 문제없이 살 수 있는 지혜를 얻게 되면 앞으로 어떤 사람과도 원만히 살 수 있고 또 남의 문제까지 상담해줄 능력이 생깁니다. 까다로운 사람과 살면서 안 부딪혀 본 것이 없기 때문에 어떻게 하면 되고 어떻게 하면 안 되는지 이야기만 들어도 바로 알 수 있지요. 공자는 악처와 살았기에 지혜가 넓어졌는지도 모릅니다. 그러나 여자 입장에서 보면 공자 같은 사람과 살면 악처가 되지 않을 수 없습니다. 그러니 공자가 무조건 위대하다고만 보면 안 됩니다. 남이 볼 때는 위대하지만 부인의 입장에서 볼 때는 문제도 많습니다. 아내의 입장에서 보면 남편이 모두 문제고 남편의 입장에서 보면 아내가 문제입니다. 그러나 시각을 달리해서 보면 공자 같은 사람, 부처님 같은 사람일지도 몰라요. 그러니 우리가 사물을 보는 눈을 좀 새롭게 할 필요가 있어요. 그것이 깨달음입니다. 꼭 해골바가지의 물을 마시거나 반드시 감옥에 가봐야 아는 것은 아닙니다. 우리는 살면서 깨달음을 얻을 수 있는 기회를 하루에도 몇 차례씩 맞고 있습니다. 자기에게 주어진 삶을 온전하게 받아들이면 깨달음은 결코 멀리 있지 않습니다.

일상의 삶에서 깨달음을 경험해 보려면 먼저 '깨달음의 장'에 다녀오세요. 어떤 사람은 자기는 다 깨달았으니 안 가도 된다고 하고, 어떤 사람은 자기는 워낙 바쁘니 못 간다고 합니다. 오만을 부리면서 이런저런 핑계로 시간 끌지 말고 직접 한 번 부딪혀 보면 자기 인생에 얼마나 큰 복이 되는 경험인지 알게 됩니다. 다녀오면 그것으로 끝내지 말고 매일매일 매 순간 깨어있음을 유지하며 부지런히 정진해야 합니다.

그 동안 살아온 습관이 있기 때문에 행동은 쉽게 고쳐지지 않을 수 있습니다. 담배는 처음에 끊기가 참 어렵습니다. 하지만 일단 끊고 나면 한동안 아주 좋지요. 그러다가 어떤 경계에 심하게 딱 부딪히면 담배를 도로 피웁니다. 이렇게 뭐가 안 풀린다 싶으면 과거의 습으로 돌아가게 돼요. 습이란 게 그래서 무서운 거예요. 이 때 도로 주저앉지 말고 습을 뛰어넘어야 합니다.

습을 뛰어넘으려면 매일매일 꾸준히 정진해야 합니다. 꾸준히 정진하면 원래의 업으로 돌아가려고 하는 유혹이 제어가 됩니다. 그래서 매일 기도하는 사람과 안 하는 사람 사이에는 큰 차이가 있습니다. 하루 이틀은 하고 안 하고에 큰 차이가 없어 보여요. 하지만 기도를 지속적으로 오래 하면 큰 경계에 부딪혔을 때 엄청난 힘이 됩니다. 화내고 짜증내며 자기가 잘했다고 하는 게 보통 사람의 마음이지만 아침 기도를 하게 되면 자연스럽게 반성하는 마음을 내게 됩니다. '이렇게 화내고 짜증낼 거면 기도는 왜 하나?' 이런 생각이 들다가도, 기도를 하다보면 '기도하는 사람이 이런 짓은 하지 말아야겠다.' 하며 반성의 기회를 갖게 되는 거지요. 그래서 시간이 흐를수록 기도를 하는 사람과 안 하는 사람의 차이가 점점 벌어집니다.

따로 수행도량이 있는 것이 아닙니다. 내 삶터가 그대로 수행도량이고 나에게 순간순간 일어나는 이 모든 시비분별심이 수행과제입니다. 그렇게 살면 어떤 일이 일어나든 편안해집니다. 머리가 희어지면 희어지는 대로, 주름살이 생기면 주름살이 생기는 대로, 병이 나면 병이 나는 대로, 부도가 나면 부도가 나는 대로, 사람이 죽으면 죽는 대로 다 그럴 만한 이유가 있어서 그런 일이 일어나며 그것이 반드시 나쁜 일이 아니라 좋은 일이 될 수도 있음을 알게 됩니다. 또 미연에 안다면 나쁜 일은 막아내어 좋은 일을 만들고, 이미 지었으면 과보를 받고, 과보를 받는 것이 힘들면 다음부터는 안 짓는 지혜가 생겨납니다.

독일에 갔다가 박사 공부하는 학생을 만났어요. 박사가 되려면 공부를 해야 하는데 제가 가면 내내 법문만 들으러 옵니다. 좋게 말하면 불심이 깊고 나쁘게 말하면 공부 안 하는 거죠. 그래서 법문 듣는 것이 좋은가, 공부하는 것이 좋은가 물었더니 법문 듣는 것이 훨씬 좋다고 해요. 그래서 한국으로 데려왔어요. 부모가 보면 속 터질 일이지요. 그래도 그것이 훨씬 낫습니다. 박사학위 따려고 하는 것도 결국은 행복하고 자유롭게 살고 싶어서 하는 것 아닙니까? 그걸 굳이 10년, 30년 후로 미룰 필요가 없습니다. 지금 당장 행복하게 살면 돼요.

우선은 자기 인생을 다시 생각해 보아야 합니다. 자기가 옳다는 생각을 다시 점검해 볼 필요가 있어요. 스스로 점검하면 좋지만 어려우면 주변의 도움을 받아서 자신을 객관화시켜 볼 수 있어야 합니다. 그러면 고민거리가 90퍼센트는 간단하게 해결됩니다.

그러고 나면 이제 매일 정진해야 합니다. 잡다한 곳에 마음 쏟는 시간을 줄이고 딱 집중해서 마음공부를 해야 합니다. 깨달음은 멀리 있는 것이 아닙니다. 지금 바로 우리 옆에 있어서 언제라도 그 혜택을 입을 수 있는 것입니다. 내 삶을 떠나서 다른 허공을 쫓거나 죽은 뒤를 쫓는 것이 아닙니다. 종교와 종파를 떠나서 내 삶을 어떻게 행복하게 살아갈 것인가, 살아 있는 동안 어떻게 하면 자유롭게 살 것인가에 대한 공부입니다. 현재의 삶 속에서 그런 공부를 하는 것이 깨달음입니다.

내일 무슨 일이 일어날지 모르는 이 인생사에서 무슨 일이 일어나도 아무 문제가 없는 삶을 살아가는 것을 해탈, 열반이라고 합니다. 비가 오면 비가 오는 대로 좋고 맑으면 맑은 대로 좋고 추우면 추운 대로 좋고 또 더우면 더운 대로 좋아요. 그렇게 자유롭고 행복한 삶을 살아가시길 바랍니다.